Alexander Lukeneder

Abenteuer Dolomiten

Alexander Lukeneder

Abenteuer Dolomiten

Spannende Forschung – 3000 Meter über dem Meer

Seifert Verlag

Umwelthinweis:
Dieses Buch und der Schutzumschlag wurden auf chlorfrei gebleichtem Papier gedruckt.
Die Einschrumpffolie – zum Schutz vor Verschmutzung – ist aus umweltverträglichem
und recyclingfähigem PE-Material.

Der Verlag dankt an dieser Stelle folgenden Institutionen und Firmen für die Unterstützung
bei der Drucklegung dieses Buches:

Magistratsabteilung 7, Kultur und Wissenschaft der Stadt Wien

1. Auflage
Copyright © 2014 by Seifert Verlag GmbH, Wien

Umschlaggestaltung, Satz und Layout: Joseph Koó
Foto: © Alexander Lukeneder
Verlagslogo: © Padhi Frieberger
Druck und Bindung: Theiss Druck, St. Stefan im Lavanttal
ISBN: 978-3-902924-07-0
Printed in Austria

Inhalt

Vorwort 11
Wie alles begann – Der Anruf 13
Die Anreise – Von Wien nach Meran 14
Was ist jetzt los? – Das Erdbeben 15
Exkursionen – Auf historischen Spuren 17
Mein erstes Mal – Der Aufstieg 27
Erste Publikation – Fossilien auf dem Puez 34
Planung – Das FWF-Wissenschaftsprojekt 40
Die Dolomiten – UNESCO-Weltnaturerbe 46
Historie der Wissenschaft – Vorarbeiten am Puez 53
Der Puez – Unterkreide-Gesteine und -Fossilien 57
Rosso Ammonitico Puezzese – Rote Ammoniten 58
Geographie und Lage – Im Herzen der Dolomiten 63
Geologie – Geschichte aus Stein 69
Profile – Profilaufnahme im Hochgebirge 74
Gesteinsschichten – Buchseiten der Erdgeschichte 85
Kalk und Mergel – Abfolge mit Sinn 91
Fossilien – Alte Bekannte und neue Arten 100
   Ammoniten – Die wahren Herrscher des Erdmittelalters 103
     Puez-Ammoniten – Ästhetik in Stein 103
     Aptychen – Unterkiefer von Ammoniten 105
   Belemniten – Donnerkeile und Teufelsfinger in Stein 107
   Bivalven – Muscheln als Fleischfresser 107
   Brachiopoden – Armfüßer auf dem Meeresboden 108
   Echiniden – Neu entdeckte Seeigelarten 110
   Korallen – Ungewöhnliche Bewohner der Tiefsee 111
   Bioturbation – Unbekannte Verursacher 113
Spezialitäten am Puez – Schlagobers auf dem Kuchen 114
   Erz und Jaspis – Unzertrennliche Verbindung 114
   Fossiles Holz – Driftholz im Dolomitenmeer 119
   Ammoniten und Korallen – Eine einseitige Beziehung 121
   Das Faraoni Level – Leithorizont der Unterkreide 124
   Halimedides-Horizont – Spuren im Kalkschlamm 127
Wissenschaftliche Methoden – Bedeutung und Sinn 129
   Mechanische Bergung – Proben und Fossilien 132
   Fossilien – Urzeitliche Organismen 134

Dünnschliffe – Darf's ein bisschen weniger sein? 135
Geochemische Analysen – Elemente und Verbindungen 137
Isotope – Sauerstoff und Kohlenstoff 141
   $\delta^{18}O_{bulk}$ – Die Sauerstoff-Kurve am Puez 146
   $\delta^{13}C_{bulk}$ – Die Kohlenstoff-Kurve am Puez 149
Paläomagnetik – Fingerabdruck des Erdmagnetfeldes 152
Magnetische Suszeptibilität – Magnetisierbare Minerale 158
Gammastrahlung – Natürliche Hintergrundstrahlung 161
Computertomographie – Blick ins Innere von Fossilien 163
Unterkreide – Umwelt und Fazies der Dolomiten 168
Geländearbeit – Kollegen und Grabungsteam 172
Die Dolomiten-Ausstellung – Wissenschaft und Museum 176
Der Dolomiten-Film – Dreh im Schnee 180
Medien – Das Projekt in der Presse 186
Ergebnisse und Ausblick – Da kommt noch was 187
Danksagung 192
Bildnachweis 194
Literaturzitate 194
Weiterführende Internet-Adressen 210
Index 211

Abb. 1. Mystische Steinpyramiden auf dem Gardenaccia-Plateau.

Anna Lukeneder und Franz Leblhuber gewidmet.
Sie lehrten mich die Liebe zur Natur.

Abb. 2. Herrlicher Ausblick auf die Kreidegesteine des Col Puez und der Pizes de Puez.

Vorwort

Liebe Leserinnen und Leser! Nach meinem Erstlingswerk *Akte Dinosaurier* ist es nun an der Zeit, etwas Neues zu schreiben. Ich habe mir ja insgeheim so etwas wie eine Trilogie vorgenommen. Also eine Art *Herr der Ringe der Erdwissenschaften*.
Akte Dinosaurier – Den Riesenechsen auf der Spur habe ich 2007 zusammen mit Helga Gridling verfasst. Nun ist also *Abenteuer Dolomiten, spannende Forschung – 3000 Meter über dem Meer* an der Reihe. Den Abschluss der Trilogie soll, wenn es nach mir geht, in naher Zukunft das Buch *Ammoniten – Die wahren Herrscher des Erdmittelalters* bilden. Was dann kommt, wird man sehen, solange die Leserinnen und Leser noch Gefallen an meinen Geschichten finden und der Verlag meine erdwissenschaftlichen Ergüsse druckt.
Warum aber nun gerade die Dolomiten? Die Wissenschaft hat mich in das Hochgebirge Südtirols geführt, und die Berge haben mich nicht mehr losgelassen (Abb. 1). Ich hoffe, ich kann Sie mit meinem Buch dazu verleiten, in die Dolomiten nach Südtirol zu fahren, zum Wandern, um Ski zu fahren oder auch nur um zu sehen, ob denn das alles wirklich so ist, wie es der Herr Wissenschaftler beschreibt.
Seit über zehn Jahren forsche ich nun schon in den Dolomiten. Ich untersuchte und analysierte gemeinsam mit meinem 30-köpfigen Forschungsteam das Klima und die Lebewesen vor 140–90 Millionen Jahren. Im Rahmen eines Projektes des Österreichischen Wissenschaftsfonds und als Teil meiner Arbeit am Naturhistorischen Museum in Wien verbrachte ich dort mehrere Monate auf bis zu über 3000 Meter Seehöhe (Abb. 2).
Von Blitz und Donner bis zu Hitze und Schneefall war alles an witterungsbedingten Kapriolen dabei. Wetterumschwünge, launische Kollegen und ein noch launischerer Projektleiter (nämlich meine Wenigkeit) gehörten ebenso zu diesen Reisen wie lange Aufstiege und Helikopterflüge. Unzählige Publikationen in nationalen und internationalen Fachzeitschriften sowie hunderte Medienberichte waren Ergebnis dieser Forschungsarbeit und zeigten auch das Interesse der breiten Öffentlichkeit. Die Erkenntnisse mündeten 2011 in einer Dolomiten-Ausstellung gemeinsam mit *National Geographic* am Naturhistorischen Museum Wien und einem Dolomiten-Film zum Projekt.
Es fehlte für mich noch der, wenn Sie so wollen, krönende Abschluss: das Dolomiten-Buch. Ich sehe schon die Gesichter mancher Kolleginnen und

Kollegen, wie sie die Stirn runzeln und sagen „Was soll das denn? Wissenschaftliche Publikation ist das aber keine!" Richtig, aber egal, möchte man ihnen zurufen. Es ist der Versuch einer neuen Art von populärer Wissenschaftsvermittlung, ich nenne es GEOtainment. Sie kennen ja sicher auch solche Leute, die alles schlecht finden, selbst aber nichts machen. Die Wissenschaft ist in diesem Buch in einen abenteuerlichen Reisebericht verpackt, leicht verständlich und durchaus auch humorvoll präsentiert. Ich sehe, wir verstehen uns! Dennoch ist im Buch für jede und jeden, für Jung und Alt, Laien und Wissenschaftler mit unterschiedlichem Wissensstand etwas dabei. Harte Wissenschaft mache ich ja ohnedies an anderer Stelle. Ich will Sie in diesem Buch mitnehmen auf den Weg von der Idee über das Projekt (Abb. 3) bis hin zur fertigen Ausstellung und Verfilmung. Mein Ziel ist es, mit diesem Buch auch Personen zu erreichen, die sich sonst niemals für meine Arbeit, sprich die Paläontologie interessiert hätten.

So bleibt mir nur, Ihnen viel Spaß bei der Lektüre des Buches zu wünschen. Ich hoffe, die Bilder machen Lust auf mehr. Wenn ich an Südtirol denke, kann ich es kaum erwarten, bis ich wieder in die Berge fahre. Vielleicht sieht man sich ja einmal dort, in den Bergen Südtirols, in meinen Dolomiten.

Abb. 3. Begriffswolke der im Buch relevanten Termini zum Thema Dolomiten, Geologie und Paläontologie.

WIE ALLES BEGANN – DER ANRUF

Anfang des Jahres 2001 erreichte mich an der Universität Wien ein Anruf aus Italien, genauer gesagt aus dem Norden Italiens, aus Südtirol. Was nicht unwesentlich war, vereinfachte doch die gemeinsame Sprache die Unterhaltung, und so konnte der Gesprächspartner sogleich zum Punkt kommen. Er hatte meinen Namen im Internet via *google* gefunden. Er habe nach Unterkreide, Ammoniten und Spezialist gesucht. Erstaunlicherweise spuckte diese Suchmaschine, obwohl ich damals noch Dissertant war, meinen Namen als Ersten aus. Dem Internet sei Dank, sonst würden Sie heute diese Zeilen wahrscheinlich nicht lesen. Der Anrufer jedenfalls erzählte mir, er habe mir unlängst einen Brief – ja es war noch die Zeit, als man Briefe schrieb – mit Bildern geschickt, auf denen Fossilien aus den Dolomiten zu sehen waren. Als er das sagte, fiel mir auch ein, dass ich den bewussten Brief erhalten und abgelegt, will heißen, Gott weiß wo hingewurschtelt hatte. Und wie es bei Erdwissenschaftlern durchaus passieren kann, sedimentierte der Brief mit anderen Unterlagen zu.
Während ich also am Telefon mit dem Südtiroler sprach, versuchte ich den Brief, den ich circa einen Meter vom Telefon entfernt vermutete, aus den unzähligen Publikationen der Fachliteratur auszugraben, ohne dass mein telefonisches Gegenüber etwas von meiner zirkusreifen Verrenkung mitbekam. Also streckte ich mich, während ich gleichzeitig die Telefonschnur bis zum Beinahe-Zerreißen spannte, dem unübersichtlichen Papierberg entgegen. Gerade als ich den Brief glaubte entdeckt zu haben, kippte das Telefon vom Tisch und schlug auf dem Boden auf. Na toll! Am anderen Ende der Leitung war nur noch ein Biep–biep–biep zu hören, Verbindung beendet. Macht nix, denke ich, ruf ich den Kollegen eben an. Nur – wie war nochmal sein Name? Ich konnte mich erinnern, im Brief eine Adresse und Telefonnummer gelesen zu haben. Jetzt hatte ich ja beide Hände frei, um danach suchen zu können. Und wirklich, keine drei Minuten später hielt ich den Brief in Händen. Absendedatum 14. Mai 2001, 18.23 Uhr, sagte der Poststempel. Absender war Christian Aspmair aus Lana in Südtirol. Jetzt war mir alles klar: Die Bilder zeigten unansehnliche, eben aus der Unterkreide stammende Fossilien wie Ammoniten oder was man mit viel Fantasie als solche bestimmen hätte können. Deshalb hatte ich mich also nicht gemeldet. Im selben Augenblick läutete das Telefon wieder, es war also nicht kaputt gegangen. Ich hob ab. Es war der Südtiroler wegen der Ammoniten aus den Dolomiten: „Hallo, ich bin's nochmal, Christian Aspmair …"

DIE ANREISE – VON WIEN NACH MERAN

So traf es sich, dass mich Christian Aspmair nach einigen Gesprächen zu sich nach Südtirol einlud, um mit ihm Ammoniten aus den Dolomiten zu bestimmen. Genauer gesagt, Unterkreide-Ammoniten aus dem Gebiet des Puez-Kofels oder Col de Puez nahe Wolkenstein.

Christian selbst war eigentlich Lehrer in Südtirol, hatte aber in Innsbruck seinen Magister in Geologie gemacht. Genauer beschäftigte er sich mit permischen Grobklastikan im Sextener Raum Südtirols. Heute ist er Lehrer an einem Realgymnasium in Meran.

Die Arbeit an den Fossilien sollte im Rahmen eines kleinen Projektes für das Naturmuseum Südtirol in Bozen stattfinden. Das Projekt betrieben zu dieser Zeit, von 1999–2003, Christian Aspmair und Karl Krainer, ein bekannter Paläontologe an der Universität Innsbruck. *„Paläontologie der Puez-Mergel (Unterkreide)"* lautete der Projekttitel. Dazu sammelte Christian über die letzten Jahre an die 350 Fossilien vom Puez-Gardenaccia-Plateau. Die Stücke liegen heute im Naturmuseum Südtirol.

Viele von Ihnen werden die Dolomiten aus dem Fernsehen durch die Bergsteiger- und Wandersendungen kennen oder auch durch diverse Skiweltcup-Übertragungen aus diesem Gebiet. Ich persönlich kannte zu diesem Zeitpunkt die Dolomiten nur aus Büchern und aus den Medien, das Puez-Gebiet war mir allerdings vollends unbekannt. Ich war also sehr gespannt, was mich dort erwarten würde.

Ich hatte zu diesem Zeitpunkt, also im Frühsommer 2001, ein „klitzekleines Problemchen". Nach langem Leidensweg war ich an meinem Fuß, genauer an der großen Zehe operiert worden. Die Wunde war frisch, ich konnte also vorerst weder in einen Schuh noch in einen Bergschuh schlüpfen, auch konnte ich nicht wandern oder, noch schlimmer, bergsteigen. Sehr wohl aber konnte ich im Auto Gas geben und Ammoniten bestimmen. Was lag also näher, dachte ich, als beides zu verbinden und nach Südtirol zu fahren, um die Ammoniten zu bestimmen, im Anschluss daran gleich einige kleine Exkursionen nach Mittelitalien, Norditalien und in die Südschweiz einzuschieben und erst dann auf den Puez zu steigen. Ja, genau so würde ich es machen. Die „Nagelprobe" im wahrsten Sinne sollte aber für meinen Fuß noch kommen.

Ich machte mich also mit meinem kleinen Nissan Sunny Power – er fährt heute noch in Diensten meiner Mutter – auf den Weg nach Italien. Es ging am Montag, den 16. Juli 2001, um 9.30 Uhr los. Der Weg führte mich über Salzburg, Rosenheim, Kufstein, Innsbruck, den Brenner hinunter nach Bozen und Lana, wo ich mich mit Christian Aspmair verabredet hatte.

Um 15.30 Uhr traf ich nach 620 Kilometern mit dem Auto ein. Alles war gut gegangen. Das Wetter war wunderbar, sonnig und warm. Ich bewunderte die Kiwis und Feigen, die in manchen Gegenden Südtirols wegen des warmen Klimas an den Häusern hochwachsen.

Nachdem ich Christian getroffen hatte, fuhren wir rund zehn Kilometer nach Prissian, wo seine Eltern ein Haus hatten und ich mein Zimmer bezog. Anschließend ging's, eh klar, in eine Pizzeria und auf ein oder auch zwei Sportgetränke, landläufig auch als Bier bekannt. Danach kehrten wir zum Quartier zurück, wo ich einen ersten Blick auf die Fossilien warf, die in einem kleinen Nebenhaus gelagert waren. Meine Aufzeichnungen dazu, also mein Geländebuch von 2001, besagen: „Ammoniten sind eh nicht schlecht, aber schwer zu bestimmen."

Toll, mein erster Eindruck von Südtirol war schon mal ein sehr guter. So hätte es durchaus weitergehen können, aber es sollte anders kommen.

WAS IST JETZT LOS? – DAS ERDBEBEN

Am Dienstag, nach einem Frühstück gegen 8.00 Uhr, konnte die Arbeit an den Ammoniten um 9.00 Uhr beginnen. In unzähligen Kisten warteten sie auf mich, lauter Fossilien, von den Pizes de Puez, den Puez-Spitzen, dem Col de Puez oder Puez-Kofel, dem Col de Pieres und Muntejela, dem Col de la Sone, beide vom Gardenaccia-Plateau und dem benachbarten La Stua. Ich hatte Fachliteratur mitgebracht, die mir helfen sollte, die Fossilien zu bestimmen. Ich war ja selbst erst am Anfang meiner Unterkreide(Berriasium–Albium)-Forschung, gerade Magister geworden. Christian hatte hunderte Fossilien aus dem Puez-Gebiet und anderen Lokalitäten gesammelt, darunter Ammoniten, Muscheln, Seeigel, Brachiopoden und Korallen. Begeistert legte ich los.

Das Bestimmen der Ammoniten machte gute Fortschritte. Die meisten Formen waren mir bekannt, hatte ich doch viele von ihnen schon in den Nördlichen Kalkalpen Österreichs gesehen und beschrieben. Etliche Formen waren mir jedoch neu, und sie machten die Arbeit schwierig, aber dafür auch interessant. Eine willkommene Unterbrechung bildete nur das

Mittagessen, Schnitzel mit Hirter Maccheroni – was Leichtes für zwischendurch halt –, zum Abschluss eine frische Feige aus dem hauseigenen Garten. Nicht schlecht. Dann ging es mit neuen Kräften weiter mit den Fossilien.

Ich bestimmte schon seit Stunden vor mich hin, nur unterbrochen von einer Pizzapause, da fing die Erde zu beben an, wie man es sonst nur aus Filmen kennt. Alles wackelte. Der Tisch wackelte, die Bilder wackelten, und die Ammoniten wackelten auch, bis sie sogar vom Tisch kollerten. Ich hatte so etwas noch nie erlebt. Ich blickte Christian an, nach zehn Sekunden hatte es noch immer nicht aufgehört. Er schaute ebenfalls ein bisschen komisch drein, und plötzlich schrie er: „Sofort raus hier, schnell!" Also rannten wir aus dem Haus, so rasch wir konnten. Draußen erschütterte gerade ein zweiter Erdstoß das Gebiet. Das Haus wackelte, Risse zeigten sich an der Fassade. Ich hatte so etwas, wie gesagt, noch nie erlebt. Erst langsam beruhigte sich der Boden unter unseren Füßen.

Im Nachhinein stellte sich heraus, dass wir Zeugen des stärksten Erdbebens in Italien seit 30 Jahren gewesen waren. Na super, dachte ich, und ich sitz da mittendrin. Und wenn ich sage mittendrin, dann meine ich mittendrin. Will heißen, das Epizentrum war in der Nähe von Meran, und wo war ich? In Prissian, zehn Kilometer östlich von Meran, mit den besten Karten sozusagen für dieses Naturschauspiel.

Laut den Medienberichten hatte das Erdbeben in Südtirol 2001 die Stärke 5,4 auf der Richter-Skala und eines der Stufe VI auf der Mercalli-Skala, also mittelstark. Es war sogar über weite Distanz in Süddeutschland noch messbar. Wie muss dann ein Erdbeben wie jenes in Japan 2011 mit 7,9 gewesen sein? Ich will's gar nicht wissen! Die Folgen haben wir alle im Fernsehen gesehen: Erdbeben, Tsunami, Atomkraftwerk wird zerstört, fast Kernschmelze, eben das volle Programm. Charles Francis Richter (1900–1985), ein Seismologe aus den USA, und Beno Gutenberg (1889–1960) Seismologe aus Deutschland, haben gemeinsam die Richter-Skala entwickelt (Richter 1935, Gutenberg und Richter 1949). Guiseppe Mercalli (1850–1914), ein italienischer Vulkanologe, hat die Mercalli-Skala aufgestellt, um Erdbeben einstufen zu können (Mercalli 1907).

Es war also am Nachmittag des 17. Juli 2001. Laut meinen Aufzeichnungen exakt 17.05 Uhr. Dienstag, in Prissian, Südtirol. Die Erde hatte gebebt. Was war passiert? Die Afrikanische Kontinentalplatte schiebt sich gegen Norden hin auf die Europäische Kontinentalplatte. Dabei kommt es zu Spannungen, die sich ruckartig lösen – ein Erdbeben tritt auf. In meinem Fall lagen eben Meran oder auch Lana und Prissian sehr nahe an der sogenannten Insubrischen Linie, an welcher sich die beiden Platten gegeneinander reiben. Und an jenem Dienstag geschah dies. Zwei heftige, kurz aufeinander folgende Erdstöße waren die Folge. Häuser stürzten ein, Bergrutsche machten Straßen unpassierbar. Auch unsere Anreise in das Puez-Gebiet am kommenden Tag war beeinträchtigt. Riesige Gesteinsblöcke lagen auf den Straßen. Aber das weitaus Schlimmste war, dass auch vier Menschen durch das Erdbeben zu Tode gekommen waren. Und das mitten in Europa, durch ein Erdbeben. Im Jahre 1976 waren bereits an die 800 Menschen einem katastrophalen Erdbeben in Norditalien, genauer im Friaul, zum Opfer gefallen.

Das Leben an tektonischen Plattengrenzen ist, wie sich auch in der jüngsten Geschichte zeigt, nicht immer angenehm, mitunter sogar gefährlich. Bis heute gibt es noch keine verlässlichen Methoden zur Erdbebenvorhersage. Die Wissenschaftswelt erwartet auf Grund geologischer und seismischer Daten ein riesiges Erdbeben in der Westtürkei, in unmittelbarer Nähe von Istanbul, also direkt an einer pulsierenden Millionenmetropole. Nicht auszudenken, was passieren würde: Schockwellen, Tsunami, und das in Verbindung mit teilweise schlechter Bauweise der Häuser. Dennoch, die warnenden Hilferufe der türkischen Wissenschaftskollegen werden nicht wirklich ernst genommen. Woher kommt mir das nur bekannt vor?

EXKURSIONEN – AUF HISTORISCHEN SPUREN

Nach Abschluss der Fossilbestimmungen machte ich mich am 18. Juli auf den Weg zu Fundpunkten, die ich aus der Literatur kannte. Ich hatte mir alles gut überlegt und bestens geplant, Landkarten und geologische Karten führte ich mit. Ich hoffte, mein Fuß würde während dieser eingeschobenen Exkursion vollständig heilen, sodass ich in acht Tagen dann auf den Puez steigen könnte. Im Augenblick hätte ich es noch nicht geschafft, denn die Narben waren zu frisch, es wäre leichtsinnig, ja dumm gewesen. So fuhr ich an die 1000 Kilometer an meine erste Station, Gubbio. *Eureka* (= εὕρηκα)! Einer der wichtigsten Fundpunkte in der Paläontologie, eigentlich der gesamten Erdwissenschaften. Genauer gesagt handelte es sich um die Botaccione-Schlucht, circa zwei Kilometer vom Ort Gubbio entfernt. Eben dort war es, dass Luis Walter Alvarez und Walter Alvarez, ihres Zeichens Vater und Sohn, im Jahr 1977 eine Gesteinsschicht gefunden hatten, die das erdwissenschaftliche Weltbild verändern sollte. Der Sohn brachte Gesteinsproben aus Gubbio nach Berkeley in Kalifornien, zu seinem Vater Luis, dem Nobelpreisträger der Physik von 1968. Das primäre Interesse der beiden galt zuerst der Paläomagnetik, also der Untersuchung der Anordnung winzigster Eisenpartikel im Gestein.

Um es kurz zu machen, nach dem Fund dieser roten bis schwarzen Grenzschicht wurde klar, worüber man schon lange spekuliert hatte: Das Aussterben verschiedener Fossilgruppen an der Kreide-Tertiär-Grenze vor 66 Millionen Jahren war dem Einschlag eines Meteoriten geschuldet (Alvarez et al. 1980, Montanari und Köberl 2000, Alvarez 2009, Schulte et al. 2010). Diesem Aussterben fielen auch die wohl bekanntesten Vertreter aus dem umfassenden Fossilbeleg zum Opfer, die Dinosaurier. Der Nachweis dieser Schicht und ihrer Zusammensetzung (Iridium-Anomalie) zeigte ein einmaliges Aussterbeevent am Ende der Kreidezeit vor circa 66 Millionen Jahren an, ausgelöst durch einen gewaltigen Meteoriteneinschlag in Mexiko.

Das musste ich einmal in meinem Leben sehen! Ich erwartete Einmaliges, ja Großartiges. Was ich finde, ist ein Straßenaufschluss hinter Gittern, der mich vage an einen Serientitel im TV erinnert. Die betreffende Schicht ist von Sammlern, aber auch über Jahrzehnte von Wissenschaftlern bis zur Unkenntlichkeit aus der Felswand gekratzt worden. Sie ist also fast nicht mehr sichtbar. Die Fotos sollen Ihnen einen Eindruck der Situation in Gubbio vermitteln (Abb. 4). Dennoch nahm ich einige Gesteinsproben, die ganze Straße entlang, man weiß ja nie. Die Gesteinsformationen, die man dort antrifft, sind Maiolica-Formation, Scaglia-Rossa-Formation, Marne-a-Fucoidi-Formation und Calcare-Diasprigni-Formation (Cecca et al. 1994a, b, 1995). Näheres zu diesen Formationen finden Sie im Kapitel Unterkreide – Umwelt und Fazies der Dolomiten. Ich muss jedenfalls sagen, der Satz „Gubbio sehen und sterben" wäre mir bei diesem Anblick nie in den Sinn gekommen. Es war eher ein „Was, das soll alles sein?!" Biep–biep–biep …

Also suchte ich mir lieber mal ein Quartier zum Übernachten. Nach einigen Anläufen, meist aus finanziellen Gründen notwendig, wurde ich schließlich auch fündig. Gubbio selbst war mir zu teuer, daher wich ich aus, weiter nach Cantiano. Der Ort lag für mein weiteres Vorhaben günstig zwischen Monte Catria und Monte Nerone, zwei weiteren Unterkreide-Fundpunkten (Abb. 5). Auch dort wurde ich noch ordentlich zur Kasse gebeten, 80.000 Lire, das waren damals an die 560 Schilling (= 40 Euro). Jetzt wissen Sie, warum ich in Gubbio, wo es noch um einiges teurer war, nicht geblieben bin.

Abb. 4. Legendäre Grenzschicht an der Kreide-Tertiär-Grenze bei Gubbio, 2001.

Abb. 5. Folgende Doppelseite: Fotos meiner Exkursionen nach Mittelitalien, Oberitalien und in die Südschweiz, 2001. Monte Catria, Monte Petrone, Botaccione-Schlucht, Bosco Chiesanuova, Composilvano und Balerna-Schlucht.

Am kommenden Tag, dem 19. Juli 2001, machte ich mich gleich in der Früh, meinen Aufzeichnungen folgend, auf den Weg zu einigen anderen Unterkreide-Aufschlüssen Mittelitaliens, die mir aus der Fachliteratur bekannt waren. Ich erreichte auch bald Monte Catria, wo ich sogleich die Schichten des Berriasiums, des Valanginiums und des Hauteriviums aufsuchte. Fossiliensuche, im Wesentlichen Ammoniten und Aptychen, Profilaufnahme und Fotos, das übliche Programm.

Weiter ging's zum 1162 Meter hohen Monte Petrano, wo es etliche Maiolica-Aufschlüsse gibt, auf dem Rückweg noch Proben aus den Marne a Fucoidi genommen, und weiter über die Bosso-Schlucht nach Piobbico, wo ich die in der Literatur beschriebene Candigliano-Schlucht besuchte. Auf ins Bachbett, mit Hammer und Meißel als meine ständigen Begleiter. In der Literatur (Cecca et al. 1994a, b, 1995) wird der Aufschluss auch gerne als Cerbara-Sektion zitiert. Hunderte Meter von Kalkstein der Maiolica-Formation und der Scisti a Fucoidi waren hier aufgeschlossen, ein Traum. Die Fossiliensuche gestaltete sich schwierig. Ich suchte die Schichten des Barremiums und Aptiums ab. Meine Aufzeichnungen von damals lauten: „Benötige einen Tag, um eine Handvoll Fossilien zu finden", ein Albtraum. Nach einem unfreiwilligen Bad im Fluss trat ich die Rückfahrt nach Cantiano an.

Warum interessiere ich mich für die Maiolica-Formation und die enthaltenen Fossilien? Die Maiolica-Formation bildet das Äquivalent zur Biancone-Formation der Südalpen und ist den Schrambach-Schichten der Nördlichen Kalkalpen sehr ähnlich. Alle drei Schichtglieder führen identische Ammoniten-Arten und lassen sich somit gut über weite Strecken korrelieren. Es handelt sich bei allen Formationen um graue Mergel bis Kalke des pelagischen und hemipelagischen Ablagerungsraumes der marinen Unterkreide. Das bedeutet, die Sedimente, also Kalkschlämme, wurden in circa 100 bis 1000 Meter Tiefe abgelagert, und zwar von Berriasium bis Albium, was einer Zeitspanne von 145,0 bis 100,5 Millionen Jahren entspricht (Abb. 6).

Die Nacht in Catriano ist kurz, am 20. Juli 2001 geht es weiter Richtung Apecchio in das Ortsmuseum, das um 10.30 Uhr öffnet. Ich besuche immer zur Mittagszeit diverse kleine lokale Museen, um der Hitze im Gelände zu entgehen. In diesen Museen gibt es meist das Übliche zu sehen: schlechte Abgüsse von irgendwelchen Dinosauriern, aber auch lokale Fossilien, die mich weitaus mehr begeistern. Ammoniten, Muscheln, Seeigel und Schnecken trifft man dort mehrheitlich an, zumeist verstaubt neben schiefen Beschriftungen, die oft auch noch falsch sind. Aber egal, sage ich mir, wozu hat man Paläontologie studiert, da macht man sich eben seinen

Ära	Periode	Epoche	Stufe	Alter
Mesozoikum / Erdmittelalter 66 Mio — 252 Mio	Kreide 145 Mio	Oberkreide 100 Mio	Maastrichtium	72.1
			Campanium	83.6
			Santonium	86.3
			Coniacium	89.8
			Turonium	93.9
			Cenomanium	100.5
		Unterkreide 145 Mio	Albium	113.0
			Aptium	126.3
			Barremium	130.8
			Hauterivium	133.9
			Valanginium	139.4
			Berriasium	145.0
	Jura	Oberjura 163 Mio	Tithonium	152.1
			Kimmeridgium	157.3
			Oxfordium	163.5
		Mitteljura 174 Mio	Callovium	166.1
			Bathonium	168.3
			Bajocium	170.3
			Aalenium	174.1
		Unterjura 201 Mio	Toarcium	182.7
			Pliensbachium	190.8
			Sinemurium	199.3
			Hettangium	201.3
	Trias 252 Mio	Obertrias	Rhätium	209.5
			Norium	228.4
		237 Mio	Karnium	237.0
		Mitteltrias 247 Mio	Ladinium	241.5
			Anisium	247.1
		Untertrias 252 Mio	Olenekium	250.0
			Induium	252.2

Abb. 6. Stratigraphische Tabelle des Mesozoikums (Erdmittelalters) mit Zeitangaben in Millionen Jahren. Altersangaben nach Gradstein et al. (2012). Der rote vertikale Balken zeigt den zeitlichen Umfang der kreidezeitlichen Gesteinsschichten vom Puez.

eigenen Reim, der allerdings, nebenbei bemerkt, auch nicht immer stimmen muss.

Als ich aus dem Ortsmuseum von Apecchio trete, schüttet es wie aus Kübeln, und ich bedauere, nicht doch länger im Museum geblieben zu sein (Abb. 7).

Habe eine lange Etappe vor mir – Richtung Mailand. Ich will nach Cesana Brianza, einem weiteren Fundpunkt. Ich verirre mich stundenlang auf dem Weg von Monza nach Lecco und gerate auch noch in einen 30 Kilometer langen Stau, na toll! Als ich an meinem Ziel ankomme, gibt es dort weder ein Hotel noch eine Person, die der englischen Sprache mächtig ist. Ich fahre also weiter an den Lago di Annone, auch keine größere Ortschaft, aber immerhin findet sich ein Hotel. Eine lange Fahrt liegt hinter mir, und jetzt, um 20.00 Uhr ist hier alles wie ausgestorben.

Am Morgen des 21. Juli fahre ich dann nach Cesana Brianza zum „angeblichen" Fundpunkt. Aus der Literatur geht nicht exakt hervor, wie man diesen erreichen kann. Also querfeldein, so wie ich es vermutet habe. Ich finde einige Aufschlüsse, aber nichts Besonderes. Beim Abstieg gelange ich auf einen Kreuzweg – von oben nicht als solcher erkennbar –, der mich zu einer Kirche hinunterführt. Das hat was Eigenartiges, finde ich.

Weiter geht's mit dem Auto über Como, rauf in die Südschweiz, wo ich noch einen Punkt besuchen will. Ich komme nach dem Grenzübertritt in Balerna und Chiasso an. Die sogenannte Balerna-Schlucht, erreichbar nur

Abb. 7. Das kleine Museum in Apecchio bietet einiges an Fossilien.

durch einen Tunnel, ist nicht nur wunderschön, sondern auch wissenschaftlich sehr interessant. Hier kann man die Oberjura- und Unterkreide-Formationen neben einem Bachlauf einfach erreichen und auf diese Weise bestmöglich studieren. Die Maiolica-Formation, die Scaglia Rossa, die Scaglia Bianca und die Radiolaritgruppe sind hier aufgeschlossen.

Ich hatte in der Fachliteratur gelesen, es würde hier auch winzige heteromorphe Ammoniten aus der Unterkreide, genauer aus dem Barremium (130,8–126,3 Millionen Jahre, Abb. 6) geben. Heteromorphe Ammoniten sind ja nicht wie die bekannten Formen planspiral in einer Ebene eingerollt, nein, sie können nahezu jede vorstellbare Form annehmen: sei es eine solche mit offener Spirale, bei der sich die Windungen nicht berühren, wie *Crioceratites* bzw. *Karsteniceras*, oder stabförmig, wie *Bochianites* bzw. *Baculites*, hakenförmig, wie *Hamulina* bzw. *Ptychoceras*, oder gar wollknäuelartig wie *Nipponites*, um nur wenige Beispiele zu nennen. Da ich eben solche heteromorphe Ammoniten schon zu tausenden aus mergeligen Kalken der Nördlichen Kalkalpen in Oberösterreich und Niederösterreich beschrieben hatte, wollte ich mich davon überzeugen, ob es sich um vergleichbare Formen handelte. Ich untersuchte also die verschiedenen Unterkreide-Schichten, die dort in einer Mächtigkeit von einigen hundert Metern aufgeschlossen sind.

Aber das Auffinden dieser nur wenige Zentimeter dicken Schichten, die meine winzigen, 1–2 Zentimeter großen heteromorphen Ammoniten enthielten, glich dem sprichwörtlichen Suchen einer Nadel im Heuhaufen. Dabei konnte ich meinem Spitznamen zur Studienzeit gerecht werden, als mich Freunde, Kollegen und Professoren als „Trüffelschwein der Ammoniten" bezeichnet hatten, weil ich offenbar Ammoniten fand, wo niemand sonst welche finden konnte. Ich roch bzw. rieche Ammoniten regelrecht. Und das seit Kindertagen. Denn seit meinem fünften Lebensjahr bin ich auf der Suche nach Fossilien.

Zu Beginn suchte ich gemeinsam mit meiner Großmutter väterlicherseits Anna Lukeneder bei uns in Oberösterreich am Ufer der Steyr nach Fossilien. Damals waren das aus den Alpen herausgeschwemmte Schnecken wie *Actaeonella* und *Nerinea* aus der Kreidezeit. Und der Bestand an Fossilien und mein Wissen wuchsen und wuchsen.

Nachdem mir, als ich zehn war, mein Biologielehrer im Gymnasium gesagt hatte: „Was du werden willst, heißt Paläontologe", war zumindest für mich alles klar: Nicht Fußballer, sondern Paläontologe würde es sein. Also nichts wie schnell durch die lästige Schulzeit und an die Universität nach Wien zum Studium der Paläontologie.

Nach dem Studium und vier Forschungsprojekten bin ich schließlich, was ich vor 32 Jahren werden wollte, Paläontologe, und das noch dazu an einem der schönsten Häuser weltweit, dem Naturhistorischen Museum in Wien. Und nun stehe ich eben in der Südschweiz, und mein Forscherschicksal will es, dass ich tatsächlich diese winzigen Ammoniten finde. Es handelt sich um die gleiche Gattung *Karsteniceras*, die ich auch in den österreichischen Alpen gefunden habe. Damit kann ich nachweisen, dass sich das Gebiet, in dem diese kleinen Ammoniten lebten, vom Wienerwald bis in die Südschweiz erstreckte. Millionen dieser heteromorphen Ammoniten besiedelten die sauerstoffarmen Meeresbereiche des Barremiums.

Ich berge einige dieser Fossilien, packe sie ein und fahre wieder zur nahegelegenen Grenze nach Italien zurück. Und wie ich so in der Kolonne stehe, fällt mir ein, dass die Schweizer Kollegen doch etwas heikler mit dem Zoll sind, was Fossilien betrifft. Nun sind meine Ammoniten eher wissenschaftlich wichtig als schön, doch wer weiß, was den Grenzbeamten alles einfällt.

Aber ich wirke wohl in meinem Grabungsgewand, sprich Militärhose und dem verdreckten T-Shirt, eher harmlos, denn die Grenzer winken mich einfach durch. Also schnell – ich betone schnell! – weiter Richtung Verona. Irrtum. Bei Como ein Riesenstau, bei Mailand der nächste Megastau. Ich nehme die Abfahrt und fahre nach Bosco Chiesanuova. Wegen einer Baustelle verfahre ich mich fast zwei Stunden lang. Als ich dann endlich ankomme, sind in Bosco Chiesanuova alle Hotelzimmer belegt. Es ist Samstag, und alle Veronesen hat es aufs Land gezogen, wird mir erzählt. Na dann. Als ich meine Unterkunft in Croce finde, habe ich an die 2080 Kilometer zurückgelegt.

Am nächsten Morgen, dem 22. Juli 2001, geht's zu den Aufschlüssen von Gasparina und Composilvano, berühmt oder berüchtigt für deren Ammonitico Rosso-Vorkommen. Bei Ammonitico Rosso handelt es sich um wunderschöne rote, oberjurassische Ammoniten-Kalke. Wunderbare Ammoniten und rote Kalke, wohin das Auge blickt. Ich besuche auch wieder das dortige Ortsmuseum, um mir einen Einblick in die fossile Fauna zu verschaffen. Danach mache ich mich auf nach Südtirol.

Ich fahre über den Gardasee – die Preise hier sind ein Wahnsinn, also nichts wie weg! –, nehme die Autobahn Richtung Bozen, wo ich dann nach Lana abbiege. Auch mein zweiter Eindruck von Südtirol ist ein sehr guter. So könnte es ruhig immer weitergehen, denke ich bei mir, es sollte jedoch abermals anders kommen.

Der 23. Juli ist der Tag, an dem ich meinen Fuß testen muss – Sie erinnern sich: die Operation! Es ist mir bisher auf meiner Reise nur ein kleines Malheur in einem Aufschluss passiert. Beim Zerkleinern des Gesteins war ein scharfes Stück abgesprungen – Maiolica bricht nun einmal messerscharf –, exakt auf meine OP-Narbe, aus der sogleich Blut herausschoss. Aber mit einer kleinen Bandage konnte ich mir rasch behelfen, und jetzt blicke ich mit Freude auf die kommenden Tage dem Puez entgegen.

MEIN ERSTES MAL – DER AUFSTIEG

Als ich am Dienstag, den 24. Juli 2001, um 6.00 Uhr mit Christian beim Frühstück sitze, scheint die Sonne schon durch das Küchenfenster.
Das freut mich sogar noch im Rückblick, denn ich entwickelte in den späteren Jahren am Puez eine ausgeprägte Aufstiegsneurose, und meine ständige Panik, ob das Wetter auch gut genug für einen Aufstieg sein würde, nervte dann nicht nur mich, sondern auch meine Kollegen und Freunde. Die Teamkolleginnen und -kollegen, die mich kennen, üben sich heute in Geduld, denn sie sind es längst gewohnt, dass ich sie mit meiner ständigen Hypochondrie auf alle möglichen Gefahren im Leben hinweise. Sie werden's mir noch danken, sag ich jetzt mal.
Früh aufstehen ist wichtig beim Bergsteigen. Ich sollte aber auch die Bedeutung von Südseite im Zusammenhang mit einem Berg noch am eigenen Leib zu spüren bekommen. Vorläufig war ich jedoch guten Mutes.
Als ich wenig später um 9.30 Uhr am Parkplatz bei Wolkenstein auf circa 1600 Meter Meereshöhe stehe und durch das Langental nach hinten schaue, wo ich am Talschluss in mir endlos scheinender Entfernung den Puez in die Höhe steigen sehe, wird mir dann doch etwas mulmig (Abb. 8 und 9). Das erste Doping wäre jetzt schon angebracht, kommt mir in den Sinn. Denn woher, glauben Sie, hat das Langental wohl seinen Namen? Richtig – von seiner ungeheuren Länge. Und dann geht's erst hoch zum Puez. „Was, dort soll ich hin?", entfährt es mir. Christian lacht. Es ist das Lachen eines Wissenden, denn Christian war sicher schon Dutzende Male auf dem Puez Fossilien sammeln. Was man meiner Meinung nach auch an seinen Wadeln sieht, wie mir überhaupt scheint, dass die Waden ein Wettbewerbsvorteil aller Südtiroler sind. Meine Waden sehen dagegen aus wie die Ärmchen eines zehnjährigen Jünglings. Flachländer gegen Bergfex – die allerbesten Voraussetzungen also. „Das Wetter ist ideal", sage ich,

werde aber durch Christians Worte „Na, es wird sicher gleich sehr warm" aus meinem Traum geholt.

Auf geht's. Alles läuft ausgezeichnet. Das lange Langental, am Weg Nr. 14, wird immer länger (Abb. 9). Man geht 30–45 Minuten halbwegs zwischen Fichten und Föhrenwäldern, grüne, saftige Wiesen, wohin das Auge reicht, darauf Kühe, die aber ungefährlich sind, so hoffe ich (Abb. 10). Links und rechts steigen etwa 1000 Meter hohe Wände senkrecht aus dem Nichts in die Höhe. Wir sind fast die einzigen Wanderer, die zu dieser Zeit unterwegs sind. „Wir sind die Ersten, die anderen haben schon verloren", denke ich voller Stolz. Wie halt ein Sportler denkt. Ich werde eines Besseren belehrt: „Nein, die sind alle bereits lang unterwegs und schon fast oben auf dem Puez", wirft Christian ein. „Diese Irren", denke ich.

Als ich wenig später in der Südwand, der Sonnenseite des Berges, gehe und Christian einfach keine Pause zu brauchen scheint, schwant mir Fürchterliches. „Gott sei Dank hab ich eine kurze Hose an!", denke ich wieder. Aber genau das sollte sich später als Fehler herausstellen. So stapfe ich gefühlte zehn Stunden lang Christian hinterher. Typisch männlich, verkneife ich mir natürlich auch mein Verlangen nach einer Pause – schaun wir mal, wie lang ich das überlebe! Und, oh Wunder, ohne dass ich etwas sage, macht Christian eine kurze Jausenpause, meine Rettung. Wetter toll, Essen toll, die typischen Postkartensager fallen einem ein, wenn man den Blick durch die Landschaft der Dolomiten schweifen lässt (Abb. 11).

Aber die Rast dauert nicht lang. Eigentlich sind wir nach 2,5 Stunden oben. Ich bin ein Held.

Um 11.30 Uhr beginnen wir auf dem Puez-Plateau schon mal, erste Fossilien zu sammeln, eine Erlaubnis vom Amt für Naturparke in Bozen haben wir ja. Winzige Wolken tummeln sich jetzt am Himmel. Niedlich, denke ich noch. Nach einiger Zeit, so gegen 13.00 Uhr, bin ich zum ersten Mal in der Puez-Hütte zum Mittagessen. Ich sollte dort später noch Wochen verbringen, was ich zu diesem Zeitpunkt nicht ahnen konnte. Die winzigen Wolken haben mittlerweile ihre großen Brüder gerufen, es beginnt leicht zu nieseln. So schnell geht das also im Hochgebirge.

Gegen 14.30 Uhr ist alles vorbei, und der Himmel ist wieder blau (Abb. 12). So gefällt mir das. Also wieder ins Gelände zu den Fossilien. Geologenhammer in der Hand und ab in die steile Wand, mit dem typischen Paläontologen-Blick, immer die Augen auf den Boden geheftet.

Es fällt mir nicht im Geringsten auf, dass es immer dunkler wird. Als um 15.30 Uhr leichter Regen beginnt, schaue ich zum Himmel. Oh mein Gott! Der Himmel ist fast schwarz, die Wolken hängen bis unter den

Puez-Gipfel. Der Regen wird heftiger. Ha, nicht mit mir! Ich habe eigens so eine billige Windjacke mit im Gepäck. Schwerer Fehler! Allmählich wird der Regen noch stärker. Schließlich geht er in extremen Hagel über, der auf unsere Köpfe niederprasselt. Mein Schädel schmerzt, ich bin völlig durchnässt und es ist plötzlich saukalt. Sie erinnern sich – wir hatten kurze Hosen an und abgesehen davon nichts als ein triefendes Leibchen am Körper. Jetzt fängt es erst richtig zu toben an, der Donner allein wäre noch erträglich, aber es schlagen auch Blitze ein. Ich sehe schon die Schlagzeilen: „Zwei Paläontologen auf dem Puez vom Blitz erschlagen". Noch dazu mit unseren Geologenhämmern in Händen, na, besser kann's nicht sein.

Wir wechseln verzweifelte Blicke, was machen wir? Einstimmige Meinung – nichts wie weg! Der Abstieg beginnt hektisch, wobei „absteigen" das falsche Wort ist. Wir laufen regelrecht ins Tal, den ganzen Weg von 2400 Meter Höhe bis ins Langental hinunter. Glitschige Steine, steilster Weg, ich denke erneut: „Das überleb ich nicht." Der Rucksack mit den geliebten Steinen wird zur Qual. Was muss ich auch Steine sammeln, Briefmarken wären auch schön. Was habe ich in den Bergen verloren, dort kommt man eh nur um. Jetzt erfahre ich am eigenen Leib, woher die Idee vom Dolomitenmann stammt. Ein Wunder. Ich schaffe den Weg, und als wir unten im Langental ankommen, klart es auf und die Sonne zeigt sich wieder. Verrückte Welt. Christian gibt mir ein halbnasses Leibchen. Meine sogenannte Windjacke ist trockener geblieben als das Leibchen darunter.

Einen Vorteil hat meine Panik gehabt, ich (und sicher auch Sie) habe meine Operationsnarben vergessen. Aber kaum im Tal, fällt sie mir wieder ein. Und da sie ja nur großflächig geklebt und nicht genäht worden ist, wage ich es jetzt nicht, den Schuh auszuziehen, weil ich fürchte, der halbe Fuß wird mir entgegenfallen. Bin ich doch in der letzten Stunde beim Bergablaufen circa 30.000-mal vorne mit der Zehe hart am Schuh angestoßen.

Wir fahren also mit Christians Auto zurück. Allein in meinem Zimmer, fasse ich mir ein Herz und ziehe den Bergschuh vorsichtig aus. Der ganze Fuß schmerzt höllisch, aber die Zehe ist noch dran. Ein medizinisches Wunder. Mir tut buchstäblich jede Faser im Körper weh, nicht nur die Füße, auch die Knie schmerzen extrem, der Rücken schmerzt, die Schultern, dazu bin ich von oben bis unten durchnässt und unterkühlt. Die Kameras haben auch überlebt. War alles noch analog zu der Zeit. Dann gab's nur noch heißen Tee und eine heiße Dusche. Mein letzter Eintrag im Geländebuch an diesem Tag: „Alles tut weh, gute Nacht!"

Abb. 8. Wolkenstein am frühen Morgen, mit Sella-Gruppe im Hintergrund, oben.
Der Langkofel im Süden Wolkensteins, unten.

Abb. 9. Das Langental in Blickrichtung Norden zum Hochplateau des Puez, oben.
Vom Langental zurück in Richtung Wolkenstein, unten.

Abb. 10. Harmlose (?) Zeitgenossen im Langental
auf dem Weg in den Einstieg zum Puez.

Abb. 11. Malerischer Blick über das Langental, oben.
Steile Hauptdolomit-Wände auf dem Weg zum Puez, unten.

Abb. 12. Schnell kann's gehen. Ankunft auf dem Puez-Plateau bei schönem Wetter, links. Zwei Stunden später beginnt es ungemütlich zu werden, rechts.

ERSTE PUBLIKATION – FOSSILIEN AM PUEZ

Als Nächstes hieß es, die von Christian Aspmair gesammelten, im Naturmuseum in Bozen lagernden und von mir beschriebenen Fossilien zu bearbeiten und zu publizieren. Das Problem war dabei aus wissenschaftlicher Sicht, dass es sich in einem ersten Schritt nur um eine Bestandsaufnahme der am Puez auftretenden Ammoniten handeln konnte. Die Fossilien waren leider nicht Schicht für Schicht, also horizontiert, aufgesammelt worden. Es handelte sich vielmehr um Lesesteine, die aus Schutthalden der Puez-Mergel und -Kalke stammten. Erst heute, nach zehn Jahren Erfahrung mit den Puez-Fossilien und -Gesteinen, kann ich diverse Fossilien aus dieser Sammlung bestimmten Bereichen am Puez zuordnen.

Dessen ungeachtet waren die Fossilien eine Bearbeitung und Dokumentation wert. Waren doch in der Vergangenheit nur wenige Exemplare beschrieben oder abgebildet worden (Uhlig 1887, Haug 1887, 1889, Costamoling und Costamoling 1994). In den Sammlungen des Naturmuseums

Abb. 13. Ammoniten der *Lytoceratina* und *Phylloceratina* vom Puez, verändert nach Lukeneder und Aspmair (2006).

Abb. 14. Ammoniten der *Phylloceratina* und *Ammonitina* vom Puez, verändert nach Lukeneder und Aspmair (2006).

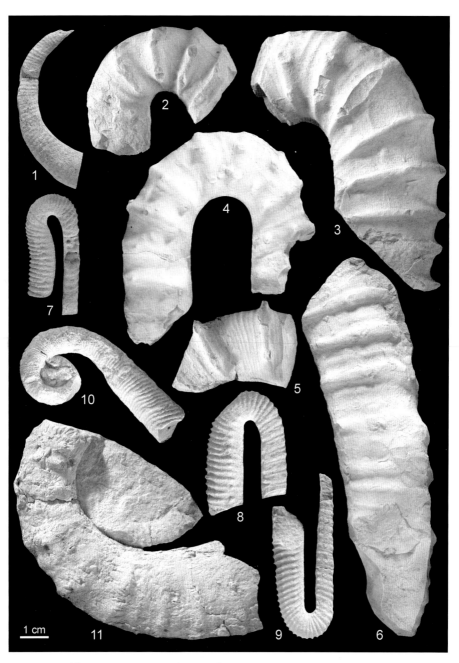

Abb. 15. Ammoniten der *Ancyloceratina* vom Puez, verändert nach Lukeneder und Aspmair (2006).

Abb. 16. Der Helikopter wartet neben der Puez-Hütte auf den Abflug. Die Gesteinsproben dürfen mitfliegen, wir leider nicht.

Südtirol in Bozen und im Naturhistorischen Museum in Wien schlummerten aber hunderte Ammoniten, Belemniten, Muscheln, Seeigel und Schnecken. Die Exemplare am Naturhistorischen Museum in Wien stammen noch aus vorkriegszeitlichen Aufsammlungen.

2006 war es dann so weit. Im wissenschaftlichen Journal GeoAlp wurden unsere ersten Daten und Bestimmungen veröffentlicht (Lukeneder und Aspmair 2006, Abb. 13, 14 und 15). In dieser Arbeit wurden die Daten und die Taxonomie zu 424 Ammoniten-Exemplaren publiziert. 27 Gattungen wurden beschrieben, wobei die Phylloceraten mit *Phyllopachyceras* (17%) und *Phylloceras* (13%) die fossile Fauna dominierten. Die Lytoceraten folgten mit *Lytoceras* (12%) und die Ammonitina waren durch häufige *Barremites* (10%) und *Melchiorites* (8%) vertreten. Die Cephalopodenfauna (= Kopffüßer) bestand ausschließlich aus mediterranen Elementen. Andere Faunenelemente wie Muscheln und Seeigel spielten in der ersten Publikation eine untergeordnete Rolle. Meine vorsichtige Schätzung über den stratigraphischen Umfang des Ammonitenvorkommens ging vom oberen Valanginium bis zum unteren Aptium (Abb. 6). Es sollte sich später im Laufe des FWF-Projektes herausstellen, dass der zeitliche Umfang noch um vieles die Erwartungen übertraf.

Der erste wenn auch noch zaghafte Schritt war getan. Die Richtung und das Ziel waren für mich fortan klar definiert. Es konnte nur in eine exaktere Aufnahme des Profils und eine horizontierte Aufsammlung der Fossilien, im Wesentlichen der Ammoniten, führen.

Alles schön und gut, aber wer sollte das zahlen? Die Kosten der Fahrten, der Tag- und Nachtgelder für alle Mitarbeiter, der Helikopterflüge (Abb. 16), des Probenversandes und der aufwendigen Analysen würden enorm sein. Ein Drittmittelprojekt musste her.

PLANUNG – DAS FWF-WISSENSCHAFTSPROJEKT

Von der Idee, ein Projekt zu schreiben, bis zur endgültigen Bewilligung und dem Beginn dieses Wissenschaftsprojektes sollten aber Jahre vergehen. Ich hatte zu diesem Zeitpunkt noch andere Projekte laufen und konnte mich daher der Sache nicht entsprechend widmen. Einen guten Projektantrag schreiben ist zeitintensiv und lässt nicht viel Freiraum für andere Dinge.

Im Jahr 2007 war es dann so weit. Die Vorarbeiten konnten beginnen. Zwei Monate schrieb ich an meinem Projektantrag, musste ich doch ein wissenschaftliches Team zusammenstellen, die finanzielle Seite exakt darlegen und den Antrag formulieren. Weiters musste ich alle Bewilligungen der Südtiroler Landesregierung einholen, befindet sich das Puez-Gebiet ja im Puez-Geisler-Naturpark und dieser wiederum im UNESCO-Weltnaturerbe Dolomiten (Abb. 17). Es herrschen strengste Auflagen von Seiten der zuständigen Ämter in Bozen. So wurde auch eine Exkursion mit Kollegen vom Naturmuseum in Bozen und der Südtiroler Parkverwaltung organisiert, um vor Ort auf dem Puez zu begutachten, was dieser Wissenschaftler aus Wien denn so alles machen wolle und ob das auch wirklich in Ordnung sei (Abb. 18 und 19).

Ich konnte jedoch das gesamte Team aus Südtirol überzeugen, dass auf dem Puez ein wahrer Schatz an Wissen über die Kreidezeit liegt und die Arbeiten keine Zerstörungen oder nachhaltige Veränderungen am Berg bewirken würden. Die wohlwollende Meinung und die Unterstützung der Kollegen aus Bozen, wie Benno Baumgarten (Abb. 20), Evelyn Kustatscher und Vito Zingerle, trugen sicher das Ihre dazu bei, um den Startschuss für dieses Projekt zu geben. Auch die nötigen Bewilligungen und die Grabungserlaubnis vom Amt für Natur und Landschaft und vom Amt für Bodendenkmäler langten schließlich ein, Bewilligungen, die auch Wissenschaftler jedes Jahr aufs Neue einholen müssen.

Nachdem ich also das Projekt geschrieben hatte und alle Bewilligungen eingetroffen waren, konnte ich endlich auch den Antrag einreichen. Dies tat ich im Sommer 2007 beim Österreichischen Wissenschaftsfonds, kurz FWF.

Der Fonds zur Förderung wissenschaftlicher Forschung ist in Österreich eine der wenigen Institutionen, die Gelder für wissenschaftliche Forschung zur Verfügung stellt. Die Forschungsmittel sind begrenzt, und so gibt es jährlich ein wildes wissenschaftliches Gerangel um die Bewilligungen und das Geld. Die Kriterien sind streng, und die Anträge wollen sorgfältig in englischer Sprache geschrieben sein. Die Evaluation der Anträge erfolgt anonymisiert durch internationale Fachkollegen.

Ich kannte das Prozedere, immerhin hatte ich das Glück, schon zuvor zwei FWF-Projekte bewilligt bekommen zu haben. Üblicherweise beträgt die Laufzeit derartiger Projekte drei Jahre. Es besteht aber die Möglichkeit, kostenneutral, also ohne zusätzlich anfallende Kosten um ein Jahr zu verlängern. 1999 hatte ich die Arbeit am FWF-Forschungsprojekt *„Massenvorkommen von Ammoniten in der Unterkreide"* gemeinsam mit Herbert

Summesberger vom Naturhistorischen Museum in Wien begonnen. 2003 war das FWF-Projekt „*Ammoniten Biohorizonte in der alpinen Unterkreide*" gefolgt, abermals gemeinsam mit Herbert Summesberger, den ich anscheinend beim ersten Mal noch nicht genug verschreckt hatte.

Das neu eingereichte Projekt trug den Titel „*The Puez area as a new key region of the Tethyan Realm. Multitasking: an integrative high resolution project. Macro- and microfossils, isotopes, litho-, cyclo-, magneto- and biostratigraphy as tools for investigating the Lower Cretaceous within the Dolomites (Southern Alps, Northern Italy)*". Kurzum, das Puez-Gebiet sollte mit allen zur Verfügung stehenden Mitteln und einem internationalen Team aus 30 Wissenschaftlern untersucht werden.

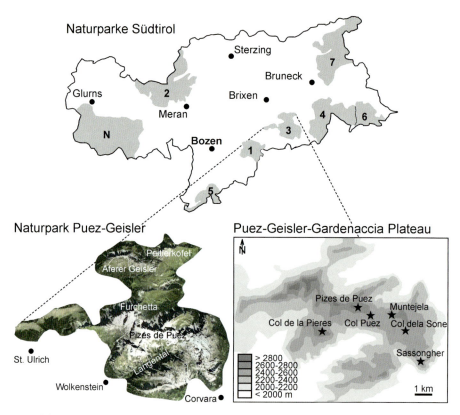

Abb. 17. Die Naturparke Südtirols und der Puez-Geisler-Naturpark im Detail. Naturpark 1: Schlern-Rosengarten, 7291 Hektar, 2: Texelgruppe, 31.391 Hektar, 3: Puez-Geisler, 10.722 Hektar, 4: Fanes-Sennes-Prags, 25.453 Hektar, 5: Trudner Horn, 6851 Hektar, 6: Drei Zinnen, 11.891 Hektar, 7: Rieserferner Ahrn, 31.320 Hektar. Nationalpark N: Stilfser Joch, 132.000 Hektar.

Abb. 18. Bei der Begutachtung der Gegebenheiten am Puez. Benno Baumgarten, Artur Kammerer, Evelyn Kustatscher, Valentin Schroffenegger und Alexander Lukeneder, von links nach rechts, oben. Christian Aspmair war hinter der Kamera, hier kleines Bild. Der Blick vom Langental zum Puez ließ nichts Gutes erahnen. Deutlich ist die Schneebedeckung am Puez-Plateau zu erkennen, unten.

Nach der Einreichung kann man nur noch abwarten, was denn die Gutachter und später das Kuratorium des FWF über das Ansuchen befinden würden. Dieser Prozess kann bis zu einem Jahr dauern. Man sitzt dann in der Nacht, in der die neu bewilligten Projekte auf der Seite des FWF hochgeladen werden, mit den Nerven am Ende vor dem Computer und fiebert mit, ob denn das eigene Projekt, und nur das zählt in diesem Moment, bewilligt worden sei.

Ich hatte auch diesmal wieder Glück: Die Gutachten waren positiv, das Projekt wurde vom FWF auf drei Jahre bewilligt und finanziell unterstützt.

Am 1. Jänner 2008 konnte das Projekt beginnen. Ob es eine *mission possible* oder *mission impossible* werden würde, war zu diesem Zeitpunkt noch nicht absehbar.

Abb. 19. Anfang September hatte es auf dem Puez gerade mal 5°C, so blieb der Schnee bis Mittag liegen.

Abb. 20. Rechts: Ja, es war wirklich kalt, wie man an den Eiszapfen sehen kann. Man beachte, rechts oben, Benno Baumgarten in kurzen Hosen, einen echten Südtiroler haut nichts um, mein Respekt!

DIE DOLOMITEN – UNESCO-WELTNATURERBE

Die Dolomiten sind ein Teil der Südalpen in Norditalien, genauer Südtirols (= Alto Adige). Die wohl bekanntesten Gebirgszüge unter Wanderern und Touristen sind dabei die Drei Zinnen, die Sella-Gruppe, der Rosengarten, das Schlerngebiet, aber auch der Puez-Geisler-Naturpark. Die höchste Erhebung dabei ist die Marmolata (= Marmolada) mit 3343 Meter. Die italienischen Provinzen Belluno, Trentino, Pordenone, Südtirol und Udine teilen sich gleichermaßen die Fläche der Dolomiten. Durch den Puez-Geisler-Naturpark, auf Ladinisch Parch Natural Pöz-Odles, führen unzählige Wanderwege, einem Spinnennetz gleich, auch an der Puez-Hütte auf 2475 Meter vorbei. Der bekannteste dabei ist der Dolomitenhöhenweg 2, der auch von Pilgern genutzt wird.

Seit dem 26. Juni 2009 wurden Teile der Dolomiten als UNESCO-Weltnaturerbe (*UNESCO World Heritage*) installiert. Es handelt sich dabei um neun getrennte Areale, welche schon vorher Naturparke waren. Sie umfassen als Kernzone circa 141.910 Hektar Grundfläche. Eines dieser Areale ist das Puez-Geisler-Gebiet mit seinen circa 10.722 Hektar. Das Hauptmerkmal dieses Parks ist die Kombination aus eiszeitlichem Langental, in der Ebene von Wolkenstein ausgehend, und der Puez-Gruppe mit der anschließenden Hochfläche des Gardenaccia auf über 2000 Meter (Abb. 21). Die Pizes de Puez (Puez-Spitzen) mit bis zu 2918 Meter und der Col de Puez (Puez-Kofel) mit seinen 2725 Metern bilden die steil aufragende Puez-Kette.

Der Name der Dolomiten stammt aus einem Hauptbestandteil der Gesteine der Dolomiten, dem Dolomit. Dabei handelt es sich um ein Magnesiumkarbonat der Formel $CaMg(CO_3)_2$. Der Name wurde im 18. Jahrhundert von Horace-Bénédict de Saussure (1740–1799), einem Schweizer Naturforscher, zu Ehren von Déodat Guy Sylvain Tancrède Gratet de Dolomieu, einem französischen Mineralogen und Geologen, vergeben. Die Dolomiten tragen also den Namen eigentlich durch einen Franzosen, was auch nicht unwitzig ist. Déodat de Dolomieu (1750–1801) fand auf einer seiner Reisen in den Südalpen heraus, dass die Gesteine nur schwer durch Säure löslich waren, was dem Verhalten von Kalk widersprach. Er untersuchte daraufhin dieses für ihn merkwürdige Verhalten und fand die bis dahin unbekannte Zusammensetzung des Gesteins aus CaO und MgO heraus. Er hatte also ein neues Gestein entdeckt. Seine Entdeckung wurde ihm zu Ehren als Dolomit bezeichnet (Saussure 1792).

Abb. 21. Imposanter Blick auf den rechts gelegenen Col de Puez und die sonnenbeschienenen Pizes de Puez in der Bildmitte, oben. Beachten Sie die winzig erscheinenden Menschen in der Bildmitte als Größenvergleich für die mächtigen Felsformationen und hunderten Schichten am Puez. Blick zur Puez-Hütte in der Senke und zum Muntejela, einem Doppelhügel aus Unterkreidesedimenten mit Hauptdolomit-Deckel, auf dem Gardenaccia-Plateau, unten.

Das weiß bis hellgraue Dolomit-Gestein wird mindesten zu 90% aus dem Mineral Dolomit aufgebaut. Dolomit-Gestein bildet sich im flacheren Meerwasser von riesigen Lagunen durch magnesiumreiche Lösungen im Zusammenspiel mit Kalkschlämmen. Dabei dringt magnesiumreiches Wasser in die Poren der Kalkschlämme oder der Riffgesteine und verbindet sich in komplexer Weise mit diesem Grundmaterial. Der Vorgang kann jedoch bei vorhandenen Poren im Gestein auch noch später in tieferer Versenkung vor sich gehen. Das Bildungsalter liegt in der Triaszeit vom oberen Karnium bis in das Norium, vor rund 223 bis 210 Millionen Jahren (Gradstein et al. 2012). Es konnten so durch Senkung der Meeresböden, initiiert durch Tektonik sowie Sedimentauflast, bis zu tausende Meter Gesteinsmächtigkeiten entstehen.

Die Felswände der Dolomiten sind meist extrem steil und erscheinen glatt. Dieses Bild entsteht durch die etwas größere Härte im Vergleich zu gewöhnlichem Kalkgestein, aber vorwiegend durch die erhöhte Spröde des Gesteins, was einen splittrigen, winkeligen Bruch verursacht. Diese Eigenheit des Dolomits macht man sich auch beim Straßenbau zu Nutze. Das Dolomit-Gestein gibt den Dolomiten das besondere Erscheinungsbild. Aus grünen, flachen Ebenen steigen kilometerhohe, steile Gesteinswände empor.

Auf dem Puez liegen die für uns interessanten Unterkreide-Gesteine direkt auf Hauptdolomit, im Italienischen *Dolomia Principale* (Guembel 1857, Berra et al. 2005) genannt. Hier liegen die Dolomit-Gesteine und die darüberliegenden Schichten der Puez-Formation zumeist horizontal, da emporgehoben, aber nicht gefaltet. Eine Besonderheit bildet allerdings die Gipfelüberschiebung am Col de Puez und an den Pizes de Puez. Hier wurde während der alpidischen Gebirgsbildung (= alpidische Orogenese), vor circa 100 Millionen bis 5 Millionen Jahren, älterer Hauptdolomit über die jüngeren Kreidesedimente geschoben. So liegt der Hauptdolomit hier wie ein Deckel, einem Sandwich gleich, auf und unter den mergeligen Gesteinen der Puez-Formation. Durch seine Härte konnte der Dolomitdeckel die Unterkreide-Gesteine während der Eiszeiten (vor circa 200.000 bis 10.000 Jahren) vor Erosion und Abtransport schützen. Ähnlich erging es den winzigen Reliktvorkommen von Kreidegesteinen auf der Gardenaccia-Fläche (auch Gherdenacia), dem Col de la Soné (2633 Meter) und dem Muntejela (2666 Meter), zwei nur hundert Meter hohen Aufragungen, die sich wie Vulkankegel aus der Ebene erheben (Abb. 22). Wenige Reste der kreidezeitlichen Vorkommen finden sich auch am Sassongher (2553 Meter). Der Rest der Mergel und Kalke wurde während der Eiszeit von Gletschern abgetragen und durch das Langental (Abb. 23) oder in

Abb. 22. Gardenaccia-Plateau mit dem „Vulkankegel" des Col de la Soné, eines weiteren Unterkreide-Hügels. Rechts, am Rand des Plateaus, der Sassongher. Deutlich sind die Trampelpfade, das Netz der Wanderwege, im Vordergrund zu sehen. Blick vom Puez Richtung Crespeina-Hochfläche mit dem Col Toronn auf der gegenüberliegenden Seite des Langentals, am Horizont blitzen die schneebedeckten Spitzen der Sella-Gruppe hervor, unten.

Richtung Alta-Badia transportiert (Abb. 22, 24 und 25). Vergleichbare Unterkreide-Vorkommen können erst wieder im Naturpark der Ampezzaner Dolomiten nördlich von Cortina d'Ampezzo bei La Stua (Ra Stua im Ladinischen), circa 20 Kilometer östlich vom Puez, beobachtet werden.

Abb. 23. Das eiszeitliche Langental, ein durch Gletscher geformtes Trogtal oder U-Tal in Richtung Wolkenstein.

Abb. 24. Bis zu 500 Meter hohe Hauptdolomitwände ragen zu beiden Seiten des Langentals empor.

Abb. 25. Eiszeitliche Endmoräne mit Blockschutthalde und kleinem See in Richtung Edelweißtal nach Kolfuschg. Im Hintergrund der Sassongher, oben. Treppenförmige Eiszeitbildung zum Gardenaccia-Plateau, unten.

HISTORIE DER WISSENSCHAFT – VORARBEITEN AM PUEZ

Kreidezeitliche Sedimentgesteine bedecken kleine, engbegrenzte Areale in den Dolomiten der Südalpen. Ablagerungen der Unterkreide bilden ein engbegrenztes Element des gebirgigen Teils der hohen Dolomiten. Die Geologie der Dolomiten und der angrenzenden Gebiete wurde detailliert von Heissel (1982), Doglioni (1987, 2007), Avanzini und Wachtler (1999), Geyer (1993), Pozzi (1993), Bosellini (1998), Bosellini et al. (2003), Lukeneder und Aspmair (2006) und Lukeneder (2008, 2010, 2012a) beschrieben und zusammengefasst.

In den Dolomiten, die während der Unterkreide einen Teil des Trento-Plateaus bildeten (Geyer 1993, Bosellini et al. 2003, Bernoulli 2007, Lukeneder 2008), werden Cephalopoden (z. B. Ammoniten, Belemniten) führende Ablagerungen hauptsächlich aus zwei verschiedenen Faziestypen beschrieben: zum einen aus den Kalken der Biancone-Formation (= Maiolica-Formation im Rest Italiens, Weissert 1979, 1981, Channell et al. 2000, Lukeneder und Aspmair 2006), zum anderen aus der Puez-Formation mit ihren Mergeln bis mergeligen Kalken (Lukeneder 2010, 2012a). Ein bestimmter Faziestyp unterscheidet sich vom anderen durch verschiedenen Aufbau des Gesteins, durch abiogene und biogene Anteile oder Abweichungen in der Geochemie und Farbe. Diese Charakteristika beschreiben ein Gestein und folglich auch seinen Ablagerungsraum, der wiederum die oben genannten Unterschiede verursacht. Diese Unterschiede entstehen hauptsächlich durch unterschiedliche Meerestiefen, verschiedene Strömungsmuster, durch Wellentätigkeit sowie Variation der biogenen Primärproduktion und des Geochemismus des Meerwassers.

Übereinstimmend mit neuesten Untersuchungen von Muttoni et al. (2005, 2013), lag das Lombardische Becken und somit das im Osten angrenzende Trento-Plateau bei circa 35°N bis 25°N im Unterjura, bei 10°N im mittleren Oberjura (am tiefsten im Kimmeridgium), bei circa 20°N im Zeitschnitt Valanginium–Hauterivium und zurück bis circa 30°N in der Unterkreide (Aptium, Abb. 6). Die Ablagerungsbereiche der Gesteinschichten am Puez befanden sich demzufolge während der gesamten Bildungszeit im subtropischen Raum (Abb. 26).

Reste, sogenannte Reliktvorkommen, von Unterkreide-Gesteinen liegen auf bis zu 1000 Meter mächtigem, triassischem Dolomit-Gestein und Kalken der Dolomiten (Hauptdolomit, bis zu 1000 Meter). Am Gardenaccia-

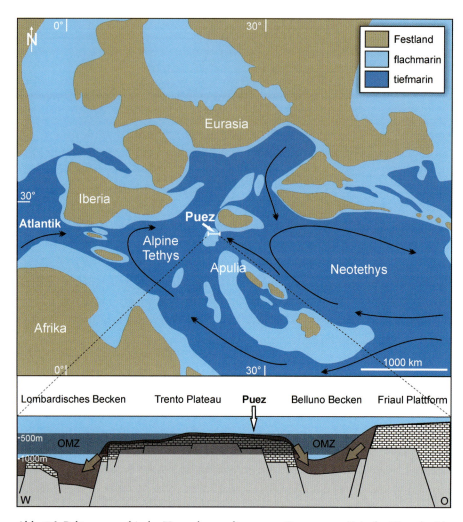

Abb. 26. Paläogeographische Karte des mediterranen Raumes zur Zeit der Unterkreide im Oberhauterivium, nach Lukeneder und Grunert (2013). Das Puez-Gebiet befindet sich zwischen Lombardischem Becken im Westen und Belluno-Becken im Osten.

Plateau in der Umgebung des Puez-Gebietes werden diese Dolomite geringmächtig von ebenfalls triassischem Dachsteinkalk (= Calcare del Dachstein, bis zu 10 Meter) überlagert. Dieser Kalk führt die berühmte kleinere Form der Megalodonten, die typisch für diesen Zeitschnitt der Trias ist. Wegen ihres Aussehens im Querschnitt wurden diese Muscheln im Volksmund auch als „Kuhtritte" oder „Fußspuren von Wildfrauen" angesehen (Abb. 27). An der Vielzahl der Fundstellen mit unterkretazischen Sedimentgesteinen in den Dolomiten konnten wir relativ dünne, rote und knollige

Abb. 27. Die massenhaft auftretenden Querschnitte der Muscheln *Megalodon* am Gardenaccia-Plateau ähneln der Form von Kuhtritten.

Kalke des Rosso Ammonitico-Formationstyps (= Ammonitico Rosso-Formation, 10–20 Meter, Flügel 2004) zwischen den triassischen und unterkretazischen Gesteinen feststellen (Lukeneder und Aspmair 2006, Lukeneder 2010). Die Trias-Jura-Abfolge ist ihrerseits in manchen Gebieten überlagert von Gesteinen der Unterkreide. Diese bisweilen kegelförmigen Relikte (bis zu 150 Meter hoch) der Puez-Formation sind besonders auf dem Puez-Geisler-Gardenaccia-Plateau augenscheinlich (Abb. 28).
Die Abfolgen der Puez-Formation vom Col de la Soné (2633 Meter), Muntejela (2666 Meter), Sassongher (2615 Meter), Anderiöl (2510 Meter) und die Pizes de Puez (= Puez-Spitzen, 2846 Meter) bildeten gemeinsam mit dem Col Puez (Puez-Kofel, 2725 Meter) den Ausgangspunkt der Forschung. Weitere bekannte Unterkreide-Vorkommen in diesem Gebiet sind der Piz Boè (Sella-Gruppe), wie auch die Plateaus um Ampezzo („Rote Wand" Fosses, Fanes), nahe Cortina d'Ampezzo bei Ra Stua (= La Stua) und nahe Antruilles. Von all diesen Lokalitäten wurden über die letzten 200 Jahre immer wieder einzelne Fossilien aufgesammelt. Bearbeitet und veröffentlicht wurden aber nur wenige Exemplare (Haug 1887, 1889, Uhlig 1887, Baccelle und Lucchi-Garavello 1967a, b, Costamoling und Costamoling 1994, Lukeneder und Aspmair 2006).

Abb. 28. Der kegelförmige Col de la Soné besteht aus Unterkreide-Gesteinen, die von einem überschobenen Deckel aus triassischem Hauptdolomit geschützt werden.

DER PUEZ – UNTERKREIDE-GESTEINE UND -FOSSILIEN

Die untersuchte Hauptlokalität liegt im Gebiet der Dolomiten in Südtirol, Teil der autonomen Region Trentino-Südtirol (Trentino-Alto Adige; Cita und Pasquaré 1959, Cita und Rossi 1959, Lukeneder und Aspmair 2006, Lukeneder 2008, 2010). Die Stratigraphie und Alterseinstufung der dort lagernden Unterkreide-Sedimentgesteine basiert auf der Bestimmung von Ammoniten und Mikrofossilien wie Foraminiferen und Radiolarien. Während des späten 19. und frühen 20. Jahrhunderts wurde eine kleine Fauna von Ammoniten der Unterkreide dieses Gebietes von Haug (1887, 1889), Hoernes (1876), Mojsisovics (1879), Uhlig (1887), Rodighiero (1919) und Pozzi (1993) gesammelt und beschrieben. Zusätzlich wurden Mikrofazies und Ammoniten von der „Alpe Puez" von Cita und Pasquaré (1959) und Cita (1965) beschrieben und als charakteristisch für ein unterkretazisches Alter vom Hauterivium bis Barremium (Abb. 6) der Puez-Ablagerungen gedeutet.

Nach dieser Periode der Forschung und Publikationen der Ammonitenfauna des Puez und angrenzender Gebiete durch obengenannte Autoren wurden keine weiteren Arbeiten in der Unterkreide des Puez durchgeführt. Warum aber bis dato keine genauere Bearbeitung diese Gebietes vorlag, liegt zum einen an den Kriegswirren und dem Frontverlauf an den Gebirgskämmen der Dolomiten während des Ersten und Zweiten Weltkrieges und zum anderen am Hochgebirgscharakter des Geländes. Diese Phase der Stagnation der Publikationen über unterkretazische Fossilien dieses Gebietes wurde gefolgt von Beschreibungen kleinerer Ammonitenfaunen von unterschiedlichen Lokalitäten in der Nähe des Puez-Gebietes. So auch von La Stua (= Ra Stua) durch Baccelle und Lucchi-Garavello (1967a, b) und Stöhr (1993, 1994). Diese Autoren verglichen die Ammoniten von La Stua mit den beschriebenen Ammoniten des Puez (Haug 1887, 1889, Uhlig 1887). Faraoni et al. (1995, 1996) fassten die unterkretazischen Ammonitenfaunen aus diversen Publikationen über die Maiolica-Formation (= Biancone-Formation in den Südalpen) der Venezianischen Alpen, welche direkt im Süden an die Dolomiten angrenzen, und Publikationen aus der Maiolica-Formation des zentralen Apennins zusammen.

2010 gelang es nun im FWF-Puez-Projekt die lithostratigraphischen Einheiten der Unterkreide am Puez als Formation mit ihren Membern zu formalisieren und einen Stratotyp dafür zu schaffen (Lukeneder 2010). Die

Formalisierung erfolgte nach den Regeln des *International Stratigraphic Commission* (International Committee of Stratigraphy 2009). Die Herkunft der Namen der Puez-Formation sowie des Puez Limestone Members, des Puez Redbed Members und des Puez Marl Members sind in Übereinstimmung mit dem internationalen Code gewählt worden. Die Daten zur Schichtfolge der Unterkreide in den Dolomiten wurden im Rahmen des FWF-Projektes P20018–N10, einem Projekt des Österreichischen Fonds zur Förderung der wissenschaftlichen Forschung (Wissenschaftsfonds FWF), erhoben, analysiert und veröffentlicht.

ROSSO AMMONITICO PUEZZESE – ROTE AMMONITEN

Durch die Sonderstellung des Puez-Plateaus in der Geologie der Dolomiten konnten auch die roten, knolligen Ammonitenkalke als Rosso Ammonitico Puezzese neu definiert werden (Lukeneder 2011, Abb. 29).
An der Lokalität Puez finden wir sowohl graue, dichte Kalkgesteine der Biancone-Formation als auch rote, knollige Kalke der Rosso Ammonitico-Formation (Abb. 30). Üblicherweise wird diese Formation in den Jura gestellt und reicht im Gebiet um Verona bis in das Tithonium. Der rote Kalk mit Massen von Ammoniten wird oft auch fälschlicherweise als Veroneser Marmor bezeichnet. Dies mag der Wertsteigerung beim Verkauf nach Umbenennung von Kalk zu Marmor geschuldet sein. Das Vorkommen des Rosso Ammonitico am Puez stellt das letzte bekannte Auftreten (Obervalanginium–Unterhauterivium) dieser Gesteinsart auf der nördlichen Trento-Plattform dar (Lukeneder 2011). Dieses Plateau repräsentierte in der Unterkreide eine submarine Hochzone. Als Folge der Oxidation der im Sediment vorhandenen Eisenpartikel (Fe^{2+} zu Fe^{3+}) durch den Sauerstoff im Meerwasser entstand die rötliche, namengebende Farbe des Gesteins (Abb. 31, 32).

$$2Fe^{2+} + \frac{1}{2}O_2 + 2H^+ = 2Fe^{3+} + H_2O$$

Die knollige Gestalt der Schichtflächen entsteht durch Karbonatknollen, Lithoklasten und durch die Ammoniten, die sich mit mergeligeren,

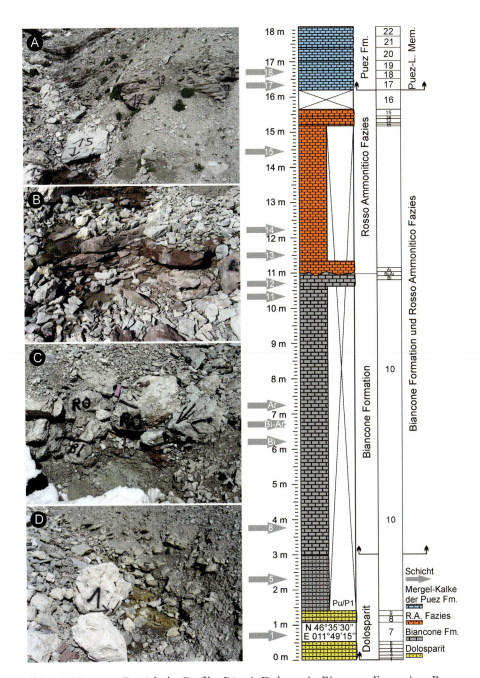

Abb. 29. Unterster Bereich des Profiles P1 mit Dolosparit, Biancone-Formation, Rosso Ammonitico Puezzese. A: Übergang der Ammonitico Rosso-Formation in die Puez-Formation. B: rote, knollige Schichten des Rosso Ammonitico. C: Übergang der Biancone-Formation in die Rosso Ammonitico-Formation. D: der unterlagernde Dolosparit beim Anfangspunkt des Profiles P1.

Abb. 30. Charakteristische Handstücke der Rosso Ammonitico Puezzese-Formation (A, B, C) und der Biancone-Formation (D, E) vom Puez.

weicheren Stellen abwechseln. Da diese Gesteine am Puez auf der Gardenaccia-Fläche noch nicht beschrieben waren, habe ich (Lukeneder 2011) die Rosso Ammonitico Puezzese-Formation für dieses Gestein im Obervalanginium–Unterhauterivium eingeführt (sehen Sie dazu auch das Kapitel Geologie – Geschichte aus Stein). Der Name Puezzese bezieht sich auf das Auftreten am Puez. Die Abfolge von grauer Biancone-Formation und darüber folgender rötlicher Rosso Ammonitico Puezzese-Formation wirft Licht auf die tektonische Geschichte des Trento-Plateaus und der Dolomiten zur Zeit der Unterkreide. Dies hilft uns die Entwicklung und den Wandel von Plattformen (Trento-Plateau und Friuli-Plattform) und angrenzenden tieferen Meeresbereichen (Lombardisches Becken und Belluno-Becken) besser zu verstehen.

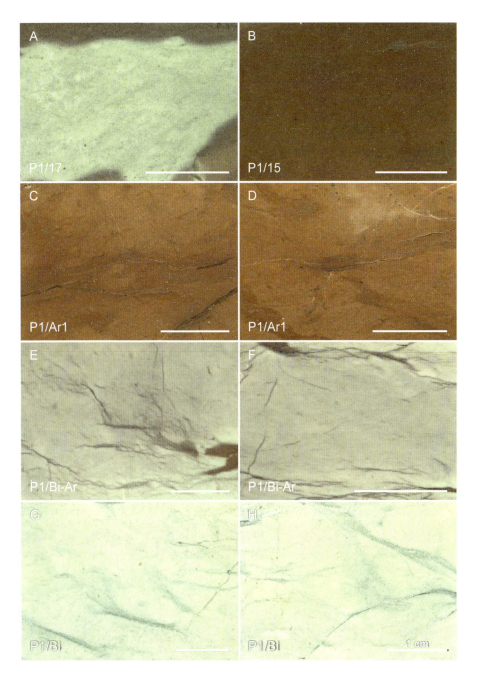

Abb. 31. Polierte Oberflächen von Gesteinen der Biancone-Formation, der Rosso Ammonitico Puezzese-Formation und der Puez-Formation vom Puez, Profil P1. Anschliffe mit Schichtnummern sind in stratigraphischer Reihenfolge – ältere Biancone-Formation unten, Rosso Ammonitico-Formation in der Mitte und Puez-Formation oben – angeordnet.

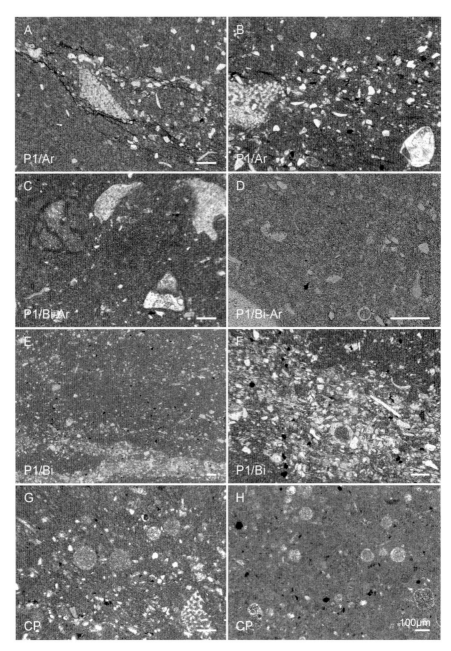

Abb. 32. Dünnschliffe der Biancone-Formation und der Rosso Ammonitico Puezzese-Formation vom Col de Puez und Col de Pieres. In den Dünnschliffen der Rosso Ammonitico Fazies fällt die Häufung der biogenen Fragmente auf. Die Fragmente stammen von Crinoiden, Muscheln, Schwammnadeln, Aptychen, Ostrakoden, Foraminiferen und Radiolarien. Mineralien treten mit Quarz, Muskovit und Glaukonit auf. Pyrit ist feinverstreut im Gestein vorhanden. CP, Col de Pieres.

GEOGRAPHIE UND LAGE – IM HERZEN DER DOLOMITEN

Der Hauptaufschluss der Unterkreide des Puez liegt auf dem Puez-Geisler-Gardenaccia-Plateau in den Dolomiten (Karte Trentino–Alto Adige, Südtirol, Tappeiner 2003). Die genaue Position liegt circa 30 Kilometer nordöstlich von Bozen in der Autonomen Provinz Trentino–Alto Adige (Trentino–Südtirol, Abb. 33). Die GPS-Daten im Zentrum des Gebietes sind 11°49'15" Ost und 46°35'30" Nord. Die Lokalitäten sind von Wolkenstein (1563 Meter) im Grödner Tal (= Val Gardena) aus zugänglich. Von dort wandert man an das östliche Ende das flachen Langentals (= Val Lunga) und dann die Wanderwege 16 und 2 durch die steilen Dolomit-Wände. Der Aufstieg in den letzten Jahren erfolgte aber immer über die kürzere Strecke von Stern (= La Villa, 1483 Meter) oder Kolfuschg (= Colfosco, 1645 Meter) im Gadertal (manchmal Abteital) im Osten der Hochebene. Von Kolfuschg, genauer von der Edelweißhütte (1836 Meter, italienisch: Rifugio = ladinisch: Ütia = deutsch: Hütte) oder dem Parkplatz des Skiliftes auf den Col Pradat (auch Sommerbetrieb für Wanderer), sind es knappe zwei Stunden auf den Wanderwegen 4 und 2 bis zum Puez (Abb. 34).

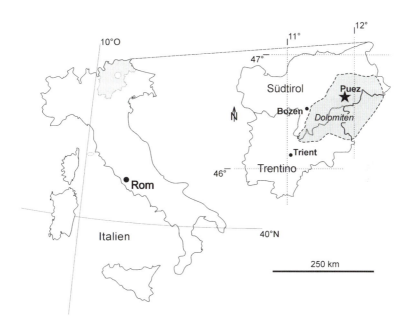

Abb. 33. Geographische Lage des Puez-Gebietes im Herzen der Dolomiten Norditaliens.

Abb. 34. Nach dem Aufstieg über die Edelweißhütte gibt der Wegweiser an der Gabelung zur Puez-Hütte die Richtung vor. Auf den Wanderwegen 2 und 4 sind es jetzt noch circa 30 Minuten zur Puez-Hütte.

Die Aufschlüsse liegen in der Nähe der Puez-Hütte (= Rifugio Puez, 2475 Meter). Die Gesteine der Unterkreide sind zwischen dem Col de la Pieres (2747 Meter) an der Westflanke, den mittleren Pizes de Puez (= Puez-Spitzen) sowie dem Col de Puez (Puez-Kofel, 2725 Meter) und an der östlichen Grenze mit dem Sassongher (2615 Meter) aufgeschlossen. Die grauen, grünen bis rötlichen Abfolgen des Stratotyps sind an der Südseite der Pizes de Puez (2846 Meter, 1:25 000, Karte 05 Val Gardena) lokalisiert. Die flachliegenden Schichten sind meist von Schuttkegeln bedeckt und lediglich in steilen Bachrinnen aufgeschlossen (Abb. 35 und 36). Das steile Gelände im Hochgebirge mit Steinschlag, dünner Luft und extremer Sonneneinstrahlung machen die Arbeit auf bis zu 3000 Meter Seehöhe beschwerlich.

Abb. 35. Folgende Doppelseite: Deutlich sind die eingesenkten Rinnen am Südhang des Col de Puez zu erkennen. Nur in diesen erosiven Einschnitten ist es möglich, exakte Profile zu erstellen und wissenschaftliche Proben zu entnehmen.

Abb. 36. Meist sind die kleinen Bäche in den Rinnen die einzige Gelegenheit, um an Trinkwasser zu gelangen.

GEOLOGIE – GESCHICHTE AUS STEIN

Die Puez-Formation und deren Member treten an Aufschlüssen auf dem Puez-Gardenaccia-Plateau auf. Diese Hochebene ist Teil des Puez-Geisler-Naturparks (= Puez-Odle-Naturpark) im nördlichen Bereich der Dolomiten (Abb. 17 und 33). Die Dolomiten weisen Gesteine vom Paläozoikum und Mesozoikum, also vom Perm bis in die Kreide auf, was einem zeitlichen Umfang von vor circa 280 Millionen bis auf 80 Millionen Jahre entspricht (Abb. 6). Sie sind ein interner Teil der Südalpen, welche eine Gebirgskette Norditaliens darstellen. Dieser Gebirgszug der Alpen bildete sich während der alpidischen Deformation des passiven Kontinentalrandes der Adriatischen Platte (Jud 1994, Bosellini et al. 2003, Castellarin 2006).
Die geologische Landschaft der Puez Region wird von gigantischen Karbonat-Plattformen der Trias dominiert. Das Top dieser Karbonate birgt Reliktvorkommen von unterkretazischen Sedimentgesteinen (140–90 Millionen Jahre), die primär weiter verbreitet waren, aber durch Erosion in der Eiszeit stark dezimiert wurden. Die Unterkreide-Gesteine sind vom Hauptdolomit der Obertrias überschoben (Gipfelüberschiebung, Doglioni 1985, 1987, Pozzi 1993, Lukeneder 2010, Abb. 37 und 38). Dieses Phänomen kann ausschließlich am Puez-Gardenaccia-Plateau und – direkt daran im Süden anschließend – der Sella-Gruppe beobachtet werden (Heissel 1982). Die Mächtigkeit des überlagernden Hauptdolomits (Doglioni 1985) variiert merklich innerhalb unterschiedlicher Aufschlüsse von 0–150 Meter. Der Hauptdolomit an der Basis wird seinerseits von stark dolomitisiertem Dolosparit (Abb. 29 und 39) mit körniger Struktur des Juras und der Kreide überlagert. Dieser Dolosparit entstand durch sekundäre Dolomitisierung der untersten Teile der Biancone-Formation während der Diagenese. Die Diagenese beschreibt den Vorgang, der durch Druck und Temperatur weiches Sediment zu festem Gestein verwandelt. Magnesiumreiche Wässer durchdrangen dabei das Sediment, ersetzten Bestandteile der Biancone-Formation und kristallisierten neu zu Dolomitkristallen aus, die diesem Gestein kristallzuckerähnliches Aussehen geben (Geyer 1993, Lukeneder 2010, 2011, Abb. 40). Dieser Typ von dolomitisierten Gesteinen wurde in der Umbria-Marche-Region (im östlichen Mittelitalien) als *„Maiolica with saccharoidal structure"*, also als „Maiolica mit zuckerkörniger Struktur" beschrieben (Cecca et al. 1995). Auf der geologischen Karte des Puez-Gardenaccia-Gebietes (Dolomiti Occidentali 2007) wird dieses Gestein als Dolosparit bezeichnet.

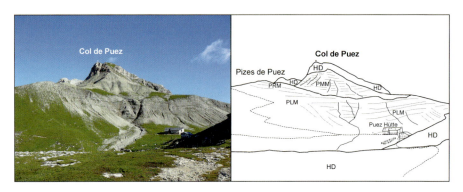

Abb. 37. Deutlich ist die Gipfelüberschiebung am Gipfel des Col de Puez zu erkennen. Triassische Gesteine des Hauptdolomits bedecken hier jüngere Gesteine südalpiner Unterkreide der Puez-Formation.

Abb. 38. Intensive Faltung der mergeligen Puez-Formation im Zuge der Gipfelüberschiebung, knapp unter dem Gipfel des Col de Puez.

Die unterkretazische Abfolge beginnt mit reinen Kalken der rötlich bis hellgrauen Biancone-Formation (Obervalanginium). Biancone ist die regionale Bezeichnung am Trento-Plateau für die weitverbreitete Maiolica-Formation im Rest Italiens (Faraoni et al. 1995, 1996, 1997, Wieczorek 1988). Am Puez erscheint der Biancone-Typ des Kalkes unterschiedlich zu den normal vorherrschenden Ausbildungen dieser einheitlichen Formation und ihrer Fazies (Lukeneder 2011). Die Biancone-Formation zeigt innerhalb von nur circa 20 Meter Mächtigkeit einige Wechsel von grauer nach roter Färbung. Der unterste rötliche Teil zeigt starke Ähnlichkeiten mit dem typischen knolligen Rosso Ammonitico-Kalk (A. R. Superiore). Angewitterte Flächen dieser Fazies am Puez zeigen ein Erscheinungsbild, wie wir es aus den ammonitenreichen knolligen Kalken Rosso Ammonitico Superiore (= Rosso Ammonitico Veronese oder R. A. Veneto in Grandesso 1977) kennen. Dieser berühmte rote Ammonitenkalk findet als Baustein für Bauwerke als Fußboden und Mauerwerk Verwendung. Grandesso (1977) konnte zeigen, dass der Rosso Ammonitico in den Lessinischen Bergen der venezianischen Voralpen (in Regione del Veneto, Lokalität Mizzole) und in den östlichsten Vorkommen dieser Fazies in Friaul-Julisch Venetien (= Regione Autonoma Friuli-Venezia Giulia, Lokalität Claut) in das Untervalanginium reicht. Biostratigraphische Daten durch Mikrofossilien dieses Abschnittes zeigen ein jüngeres Alter dieser Gesteine (unteres Obervalanginium) als in allen anderen Lokalitäten, in welchen der Übergang von Rosso Ammonitico Superiore-Kalken in die Kalke der Biancone-Formation (mit allen farblichen Varietäten) zu beobachten ist. Der rote Rosso Ammonitico-Typ und rote Biancone-Kalke treten geringmächtig am Fuße der Puez-Aufschlüsse auf, vorwiegend finden sie sich aber westlich des Puez am Col de Pieres (Cita and Pasquaré 1959). Da diese eigenständige Art der Gesteine aus dem Obervalanginium am Puez auf der Gardenaccia-Fläche noch nicht beschrieben war, habe ich (Lukeneder 2011) die Bezeichnung Rosso Ammonitico Puezzese-Formation für dieses Gestein dieser Zeitspanne eingeführt.

Abb. 39. Zuckerkörniger Dolosparit überlagert an der Basis den Hauptdolomit. Er bildete sich durch Umwandlung der untersten Meter der Biancone-Formation. Handstück aus Schicht P1/9.

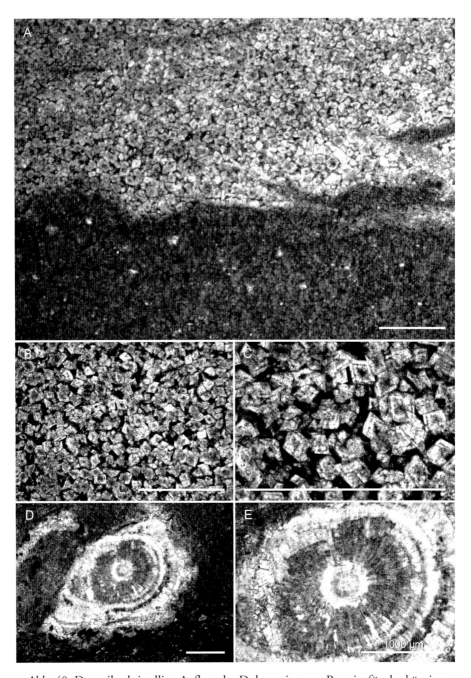

Abb. 40. Der mikrokristalline Aufbau des Dolosparits vom Puez ist für das körnige Aussehen verantwortlich. Tausende Dolomitkristalle wandelten Sedimente und teilweise Fossilien, hier ein Belemnitenrostrum (D, E), um.

Die Biancone-Formation wird dann von der Puez-Formation überlagert. Sie wird in drei durch lithologische Unterschiede definierte Members unterteilt. Von unten nach oben, vom ältesten zum jüngsten Member treten das Puez Limestone Member, das Puez Redbed Member und das Puez Marl Member auf. Da die Wissenschaftssprache Englisch ist, müssen die Namen international gehalten sein. Man könnte die Member aber mit Puez-Kalk-Member, Puez-Rotschichten-Member und Puez-Mergel-Member übersetzen. Die Abfolge zeigt einen Übergang von Kalken zu einer Wechsellagerung von Mergeln mit mergeligen Kalken im oberen Teil des Profiles. Die unterkretazische Schichtfolge zeigt Ähnlichkeiten mit einem kleineren Aufschluss bei La Stua (= Ra Stua) im Veneto, welcher ebenso eine Abfolge von Rosso Ammonitico-Formation, Biancone-Formation und „Ammonitenmergel" (Stöhr 1993) aufweist. Die „Ammonitenmergel" nach Stöhr (1993) werden jetzt durch ihre klare Lithologie zur Puez-Formation gestellt.

Die Gesteinsabfolge der Unterkreide zeigt so die Entwicklung des nördlichsten Teils des Trento-Plateaus zur Kreidezeit (Dercourt et al. 1993, Jud 1994). Das Trento-Plateau (= Piattaforma Atesina) reicht vom südlichen Abschnitt um die Stadt Trento (= Trient) bis zur Puez-Region im Norden und war ursprünglich von zwei Meeresbecken, dem Lombardischen Becken (= Bacino-Lombardo) im Westen und dem Belluno-Becken (= Fossa di Belluno) im Osten (Bosellini et al. 1981, Geyer 1993, Bernoulli 1979, 2007, Abb. 26), begrenzt. Die Gründe für die oberjurassisch-unterkretazische Trennung in diese Becken-Plateau-Becken-Abfolge liegen in der weit entfernten, aber zusammenhängenden erdgeschichtlichen Spaltungsgeschichte (= *tectonical rifting*) des Mittelatlantiks. Daran gekoppelt waren im Osten die Entstehung des angrenzenden Piemont-Liguria-Tethys-Ozeans und des nordöstlichen Penninischen Ozeans (Mayer und Appel 1999, Muttoni et al. 2005).

Die Küsten des Penninischen Ozeans wurden im Norden von der Europäischen Platte und im Süden von der Adriatischen Platte gebildet. Diese Teilozeane waren zwischen Afrika und Europa eingekeilt und bildeten die westlichen Ausläufer der Tethys (Abb. 26). Der westliche Teil der Tethys zum Oberjura und in der Unterkreide wird auch als Westliche Tethys oder Alpine Tethys bezeichnet.

PROFILE – PROFILAUFNAHME IM HOCHGEBIRGE

Der erste Schritt im Gelände, in meinem Fall am Berg, ist es, ein exaktes Profil aufzunehmen. Was ist ein Profil? Ein einzelnes Profil wird durch die übereinanderliegenden Gesteinsschichten zusammengesetzt. Dieses Profil im Gelände wird zuerst graphisch im Geländebuch und später digital am Computer dargestellt. Dabei werden die einzelnen Schichten detailliert vermessen, der Fossilinhalt und deren Lithologie beschrieben. So kann man am Puez zum Beispiel Schichtmächtigkeiten von zwei Zentimetern bis zu einem Meter beobachten. Die Lithologie am Puez, also die Beschaffenheit des Gesteins, variiert, wie später noch genauer beschrieben, von Mergeln bis nahezu reinem Kalkgestein. Dabei spielt für die Bezeichnung der Tongehalt des Gesteins (Correns 1949) eine wesentliche Rolle. Mergel (bis 35% Kalk und 65% Ton) weisen einen höheren Tongehalt als mergelige Kalke (bis 85% Kalk und 15% Ton) und Kalke (bis 95% Kalk und 5% Ton) auf. Später werden dann die Daten aus den Proben und Analysen dem Profil beigefügt. So erhält man ein Gesamtbild der exakten Gegebenheiten im Gelände. Auf diese Weise ist ein Grundprinzip der wissenschaftlichen Bearbeitung gewährleistet, die Auffindbarkeit und Überprüfbarkeit der gesammelten Daten und der daraus folgenden Resultate und Schlussfolgerungen.
Was auf den ersten Blick einfach wirken mag, kann sich als gewaltige Aufgabe herausstellen, wie es dann auch beim Puez-Projekt der Fall war.
Im Sommer 2008, genauer am 15. Juli, fuhr ich mit meinem Kollegen Anton Englert (Abb. 41), einem Präparator am Naturhistorischen Museum in Wien, das erste Mal zur Profilaufnahme auf den Puez. Nach 3,5 Stunden Aufstieg über Wolkenstein und das Langental – seit zwei Jahren gehen wir eine andere Route, die nur zwei Stunden dauert – erreichten wir 2475 Meter Seehöhe. Die Puez-Hütte (= Rifugio Puez) sollte über die nächsten Jahre unser Basislager sein (Abb. 42). Die Hütte wird seit Jahrzehnten von der Familie Costa geführt, die uns über all die Jahre immer unterstützt hat. Oskar, Gemma (Abb. 43), Freddy und Hubert in der Puez-Hütte sowie Alma im Hotel im Tal in La Villa sind zu meinen Freunden geworden. Leider kam Oskar 2010 unweit seiner Puez-Hütte tragisch am Berg ums Leben.
Nach dem Aufstieg brachen wir sogleich zur Profilaufnahme auf. Meine Erinnerung an den Puez war anscheinend bereits etwas verschwommen, denn die Mächtigkeit des Berges wirkte auf mich wie ein Schlag. Der

Abb. 41. Gemeinsam mit Anton Englert, links, bin ich 2008 zur ersten Profilaufnahme aufgestiegen. Beide Rucksäcke wogen beim Aufstieg 20 Kilogramm.

Anblick der gigantischen Gesteinsabfolgen und die schier unendliche Zahl der einzelnen Schichten ließen in mir unwillkürlich Zweifel aufkeimen. „Schaffen wir das in der vorgegebenen Zeit?", fragte ich mich insgeheim. Ich spürte, wie sich Panik in mir breitmachte. Es ist ja am Puez wegen des Hochgebirgscharakters so, dass man als Wissenschaftler nur von Juli bis Anfang September arbeiten kann. Im Juni 2009 gestaltete sich ein Versuch zum Beispiel enorm schwierig, weil sich Temperaturen teilweise unter 0°C plus Schnee und Graupelschauer einstellten (Abb. 44). Um es kurz zu machen: Über die Jahre kamen allein für die Profilaufnahme mehrere Wochen zusammen. Dabei nahmen wir bei Wind und Wetter an die 120 Meter Profil auf, verpackten tausende Proben in Säcke und bargen hunderte Fossilien.

Wie sich herausstellte, waren diese Gesteinsformationen noch nie exakt beschrieben worden, sodass ich 2010 die Puez-Formation aufstellen konnte (Lukeneder 2010). Ich habe sie nach Gesteinsbeschaffenheit von unten nach oben, also von alt zu jung, in Puez Limestone Member, Puez Redbed Member und Puez Marl Member unterteilt. Bei einer solchen Aufstellung ist eine exakte fotografische Dokumentation der einzelnen Schichten mit Beschriftung essentiell. Ich ordnete also den einzelnen Schichten jeweils

Abb. 42. Die Puez-Hütte auf 2475 Meter Seehöhe, unser Basislager am Puez unweit der Unterkreide-Profile, und die alte Puez-Hütte, unten.

Abb. 43. Oskar Costa und seine Schwester Gemma, die guten Seelen der Puez-Hütte.

eine Nummer zu und markierte sie damit (Abb. 45 und 46). Leider waren diese Markierungen nach dem ersten darauf folgenden Winter durch Verwitterung verschwunden, sodass internationale Kollegen, wenn sie sich bestimmte Schichten ansehen wollen, meine Fotos mit den Nummern aus den Publikationen kombinieren müssen. So ist ein Auffinden von bestimmten Schichten möglich. Die Farben dürfen, besonders da es sich am Puez um einen Naturpark inmitten des Herzens des UNESCO-Weltnaturerbes der Dolomiten handelt, nicht giftig sein (Wer's glaubt!) und sollen leider auch nicht permanent haften (Das stimmt!). Also bleibt nichts anderes übrig, als die Nummern öfter zu erneuern (Abb. 46).

Ob der widrigen Umstände hatte ich an Mitstreitern und Kollegen einen, sagen wir mal, größeren Verschleiß. Die Kolleginnen und Kollegen auf den Berg zu locken war nicht schwer, da reichten meist ein paar nette Bildchen mit Berg und blauem Himmel (Abb. 35, 47, 48, 49, 50). Und wenn's dann noch nicht klappte, tat ein Zusatz über das fantastische Südtiroler Essen das Übrige. Aber vor Ort erweisen sich die Gegebenheiten in der enormen Höhe von bis 3000 Meter nicht immer ganz soooo toll. Vom Schnee mitten im Juli, Stürmen, gewaltigen Gewittern, über 30 Kilogramm schwere Rucksäcke, die man dann ins Tal schleppen darf, bis zu einem ungeduldigen Projektleiter und dem ultimativen Sonnenbrand in der dünnen Luft bleibt man vor keiner Unbill verschont. Entschädigt wird man natürlich durch die tollen Berge – „Leider geil!", würde Marcel Hirscher sagen.

Abb. 44. Der Juni 2009: Schlechtwetter mit Kälte, Graupelschauern und Schnee vom Vorwinter.

Abb. 45. Beschriftung der Schichten zur Wiedererkennung und fotografischen Dokumentation.

Abb. 46. Unterschiedliche Arten der Beschriftung, je nach Gesteinsart und Schichtdicke.

Abb. 47. Imposanter Blick Richtung Langkofel über die morgendliche Nebeldecke im Langental.

Abb. 48. Majestätisch erhebt sich der Langkofel aus dem Nebel südlich von Wolkenstein.

Abb. 49. Gespenstische Stimmung vor der Puez-Hütte, nachdem sich die 1000 Meter hohe Nebelwand innerhalb von Minuten durch das Langental geschoben hat.

Abb. 50. Das Edelweiß, ein schützenswertes Wahrzeichen der hohen Dolomiten.

GESTEINSSCHICHTEN – BUCHSEITEN DER ERDGESCHICHTE

Schichten sind über tausende bis zu Millionen von Jahren entstandene Ablagerungen von Sedimentpartikeln und Resten (Schalen und Skeletten) von Kleinstlebewesen. Von diesen Lebewesen, Mikrofossilien und Nannofossilien, bleiben meist die harten Bestandteile, wie Schalen oder Skelettfragmente, erhalten. Die Weichteile sind nicht erhalten. Die ursprüngliche Mächtigkeit kann meist nur geschätzt und errechnet werden. Durch die Sedimentauflast und den Gebirgsdruck während der Diagenese und der sekundären Entwässerung wird diese primäre Mächtigkeit halbiert oder oft auch um das bis zu Zehnfache reduziert.
Die primäre Ablagerung der einzelnen Schichten der Puez-Formation fand am Meeresboden des Tethysozeans in etwa 200–1000 Meter Tiefe statt. Über Jahrmillionen lagerten sich so hunderte Meter an Sedimenten, in unserem Fall von Kalkschlamm, ab. Heute können wir davon noch 130

Meter an Mergeln, mergeligen Kalken und Kalken beobachten. Die interne Struktur der Schichten, wie Lamination, ist meist durch Bioturbation (Richter 1952, Kristensen et al. 2012), verursacht durch grabende Organismen, je nach Sauerstoffgehalt des ursprünglichen Sediments zerstört (Abb. 51).

Abb. 51. Die Bioturbation im Gestein zeigt die primäre Durchwühlung des Sediments durch grabende Organismen. Tausende von winzigen, schwarzen und goldenen Punkten sind pyritisierte Radiolarien.

Die Schichtung der Sedimentpakete der unteren Kreidezeit des Puez liegt nahezu horizontal und normal. Das bedeutet in diesem Fall, dass die älteren Schichten unten liegen, was dem stratigraphischen Pinzip entspricht (Stenonis 1669). Es gibt jedoch auch Fälle, bei denen diese Schichtung verkippt oder invers ist. Dann liegen die Schichten schräg oder gar die jüngeren Sedimentgesteine unten (Abb. 52 und 53). Diese Problematik ist nicht als selbstverständlich zu erachten und muss durch verschiedene Methoden belegt und enträtselt werden. Das Prinzip der Stratigraphie ist es,

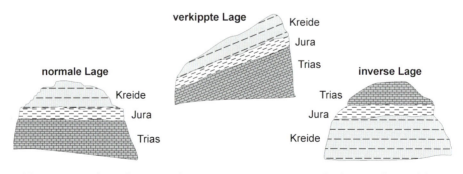

Abb. 52. Normale, verkippte und inverse Lage von Gesteinsschichten in den Südalpen.

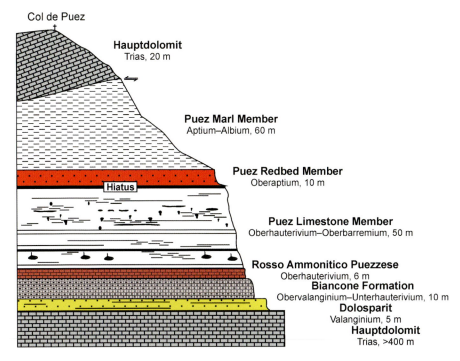

Abb. 53. Lage und Mächtigkeit der Gesteinsschichten am Puez.

Abb. 54. Ein Steinkern des Ammoniten *Lytoceras subfimbriatum* mit gelblichem Limonit-Überzug.

Abb. 55. Dieser „rostige" *Lytoceras subfimbriatum* fand seine endgültige Ruhestätte in der Hausmauer der Puez-Hütte.

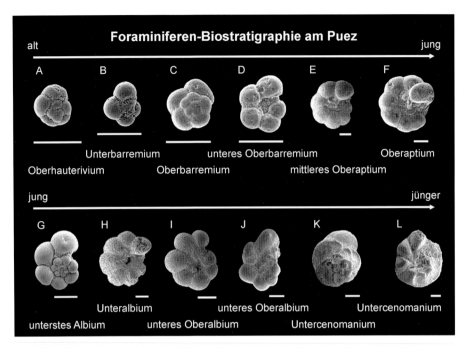

Abb. 56. Bedeutende Foraminiferen in stratigraphischer Anordnung (A–L) vom Oberhauterivium bis zum Untercenomanium des Puez. Maßstabsbalken 100 μm.

Schichten und deren Alter in Beziehung zu setzen. Die Fossilabfolge kann Aufschluss dazu geben. In der Biostratigraphie nimmt man sich die Evolution und die gerichtete Entwicklung von morphologischen Merkmalen zu Hilfe. Es handelt sich hierbei um eine relative Altersbestimmung. Die relative Altersbestimmung anhand von Fossilien verschiedener Schichten gibt an, ob ein Fossil und die betreffende Schicht jünger, gleich alt oder älter ist als die Schicht darüber oder darunter. Besonders geeignet sind dabei sogenannte Leitfossilien. Wie der Name schon verrät, handelt es sich dabei um Fossilgruppen, die leitend, d. h. charakteristisch für einen bestimmten Zeitschnitt der Erdgeschichte sind. Diese Leitfossilien existieren durch die Zeit in marinen, aber auch terrestrischen Tiergruppen, sind weit verbreitet und in ihrem Auftreten zeitlich eng begrenzt.

Auf dem Puez handelt es sich bei den Makrofossilien, also den mit freiem Auge sichtbaren Fossilien, in der Mehrzahl um marine Cephalopoden, die Ammoniten (Abb. 54 und 55). Innerhalb von Mikrofossilien des Zooplanktons eignen sich die Foraminiferen (Abb. 56) und Radiolarien. Die Nannofossilien sind durch Coccolithen (= Kalkalgen) und Dinoflagellaten

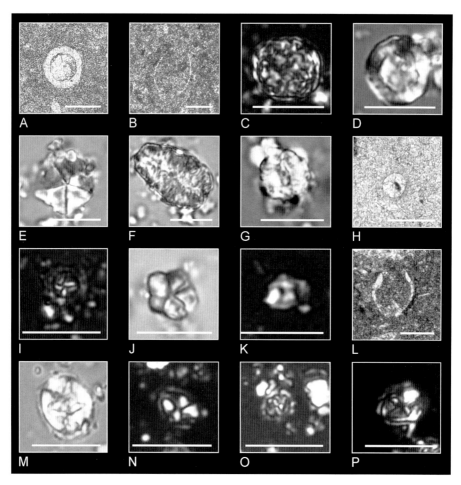

Abb. 57. Mikrofossilien und Nannofossilien aus dem Oberhauterivium bis Untercenomanium vom Puez. Maßstabsbalken von 10–50 µm.

(= Panzergeißler) gekennzeichnet (Abb. 57). Diese Organismengruppen erlauben in der unteren Kreide eine Einstufung der marinen Gesteine und einen Vergleich mit diversen Fundpunkten Europas, aber auch anderer Kontinente.

Die relative Einstufung des Alters wird im besten Fall durch exakte, absolute Altersdatierungen gestützt. Hierzu zählen die Isotopendatierungen von Strontium oder Argon, geochemische Analysen sowie paläomagnetische Untersuchungen. Näheres zu diesem Thema wird im späteren Verlauf im Kapitel Wissenschaftliche Methoden – Bedeutung und Sinn erläutert.

KALK UND MERGEL – ABFOLGE MIT SINN

Die einzelnen Gesteinsschichten der Unterkreide am Puez bestehen aus Mergeln, mergeligen Kalken und Kalken, also Sedimentgesteinen. Sedimentgesteine können sowohl an Land als auch im Meer abgelagert werden. Sedimentgesteine stellen eine Mischung aus biogenen Sedimentgesteinen dar, welche durch organische und anorganische Bestandteile von verschiedenen Organismengruppen gebildet werden, und den chemischen Sedimentgesteinen, die sich durch Ausfällung von Kalk aus dem Meerwasser bilden können. Sowohl die biogenen als auch die chemischen Bestandteile rieseln zum Meeresboden, wo sie sich in feinsten Schichten ablagern. Dieser Vorgang kann, je nach Sedimentationsrate, unterschiedlich lange dauern. Ein Meter Kalk, die Diagense schon eingerechnet, kann sich je nach Ablagerungsrate in circa 0,1–1 Million Jahre bilden (Kodama 2012). Ähnlich mächtige Sandsteinbänke können jedoch in kurzen Pulsen von Tagen oder Wochen, ausgelöst durch Erdbeben oder Sturmwellen, abgelagert worden sein. Sogenannte *event beds* (= Ereignis-Schichten) können durch Sediment-Transport, wie Schlammströme oder Turbidite, in tiefere Meeresbereiche umgelagert werden und sich so relativ schnell über Tage oder Wochen absetzen, was in erdgeschichtlicher Zeitrechnung nicht messbar ist.
Nach der Diagenese, das heißt durch die Gesteinswerdung oder Lithogenese, dem Weg vom weichen und noch unverfestigten Sediment zum harten Gestein, kann man das Ergebnis dann nach der Gebirgsbildung in den Bergen beobachten, oft tausende Meter in die Höhe gehoben und über tausende Kilometer transportiert.

Abb. 58. Schichten des kalkigen Puez Limestone Members, untere Puez-Formation.

Abb. 59. Schichten des rötlichen Puez Redbed Members, mittlere Puez-Formation.

Die Abfolge und Rhythmik, in der solche Schichten auftreten, ist klar abhängig von wechselnden Umweltbedingungen, aber auch von sogenannten Milanković-Zyklen, welche durch den serbischen Mathematiker und Geophysiker Milutin Milanković (1879–1958) entdeckt wurden (Milanković 1941). Dabei handelt es sich um astronomische Zyklen, innerhalb derer sich die Sonneneinstrahlungsintensität und damit die Solarenergie, die auf der Erde auftrifft, in gewissen Abständen regelmäßig ändert und wiederholt. Die Ursachen dafür liegen in der Überlagerung dreier Phänomene: die trudelnde Bewegung der Erdrotationsachse (Präzession), der Veränderung des Neigungswinkels der Erdachse (Erdschiefe) und der Änderung der Erdumlaufbahn um die Sonne (variierender Abstand zur Sonne). Diese Zyklen umfassen Zeiträume von 25.700–28.800, 41.000 und 100.000 Jahre. So können sich zu unterschiedlichen Phasen der Erdgeschichte, aber auch in Zukunft, diese Phasen verstärken oder aufheben. Diese unterschiedlichen Phasen machen sich in Gesteinsschichten bemerkbar und können durch eine Vielzahl von Methoden identifiziert werden. Durch variierende Solarenergie kommt es zu Unterschieden in der Primärproduktion der Biomasse in den Ozeanen und einem veränderten CO_2-Gehalt in der Atmosphäre.

Bei den marinen Gesteinen, von Ton zu Kalk, wie oben genannt, erfolgt die Unterscheidung durch deren Verhältnis an Karbonat und Tonmineralien. So wird Mergel durch ein Karbonat/Tongehalt-Verhältnis von 35% zu 65%, Kalkmergel von 65% zu 35%, Mergelkalk von 75% zu 25%, mergeliger Kalk von 85% zu 15% und Kalk durch 95% zu 5% definiert (Correns 1949). Der Tongehalt kann durch variierende Verwitterungsraten von anderen Mineralien und Gesteinen, bei denen Tonminerale entstehen, stark schwanken. Die Mächtigkeit, also Schichtdicke, zeitgleich

Abb. 60. Schichten des mergeligen Puez Marl Members, obere Puez-Formation.

gebildeter Mergel oder Kalkbänke muss jedoch nicht immer gleich sein. Die Position, an dem die Sedimentschicht abgelagert wurde, ist dabei entscheidend. Viele Faktoren wie Meerestiefe oder ozeanische Bodenströmungen spielen dabei eine wichtige Rolle. Es kann zur Auflösung von Organismen oder Partikeln in größerer Tiefe kommen oder aber auch zum Abtransport durch intensive Strömungen am Meeresboden.

Der untere Teil der Puez-Formation, das Puez Limestone Member (Abb. 58) von circa 60 Meter Mächtigkeit, ist kalkiger ausgebildet als das überlagernde Puez Redbed Member (Abb. 59) mit circa 20 Meter und das oberste, also jüngste Puez Marl Member (Abb. 60) von circa 60 Meter (Lukeneder 2010).

Die Namen der einzelnen Member deuten schon auf deren lithologischen Charakter und dominierendes Element hin. Die Gründe, warum sich das Verhältnis Karbonat zu Ton ändert, sind vielfältig. Ein Hauptgrund ist der wechselnde Eintrag von Tonmineralien in die urzeitlichen Ozeane.

Tonminerale entstehen durch die Verwitterung und den Zerfall von bereits bestehenden Gesteinen und Mineralien an Land. Diese Produkte werden dann durch die Flüsse und den Wind in das Meer verbracht, wo sie sich in die biogenen und chemischen Karbonate einmengen und so das Verhältnis festlegen. Das Verhältnis ändert sich also mit der Menge des Eintrags von Tonpartikeln. Dies wiederum bedeutet, dass auch die Entfernung vom Liefergebiet, sprich der Küste oder Flussmündung, eine Rolle spielt. Man könnte also annehmen, je weiter entfernt am Ozean desto weniger Tonminerale, also folglich reine Karbonate. Das wäre allerdings zu einfach, denn auch die Tiefe spielt eine wesentliche Rolle in diesem Gleichgewicht. Viele Kalziumkarbonate werden in unterschiedlich großer Tiefe wieder aufgelöst und gelangen so nie zur Ablagerung am Meeresboden. Dabei spricht man von der Aragonit-Kompensationstiefe (ACD, *aragonite compensation depth* für Aragonit) und der Kalzit-Kompensationstiefe (CCD, *calcite compensation depth* für Kalzit), unterhalb welcher das jeweilige Kalziumkarbonat aufgelöst wird. Für Aragonit liegt diese Grenze heute bei circa 300–2500 Meter Tiefe, wogegen sie für Kalzit bei bis zu 5000 Meter Tiefe liegen kann.

Die Tiefsee ist mit CO_2 übersättigt (= Respiration), was zur Bildung von Kohlensäure führt, wodurch wiederum Karbonat gelöst wird.

$$H_2O + CO_2 \rightarrow H^+ + HCO_3^- \rightarrow H_2CO_3$$

Wasser plus Kohlenstoffdioxid → Wasserstoff plus Hydrogenkarbonat-Ion → Kohlensäure

durch die Kohlensäure erfolgt Lösung von Karbonat in der Tiefsee

$$CaCO_3 + H_2CO_3 \rightarrow Ca^{2+} + 2HCO_3^-$$

Karbonat plus Kohlensäure → Kalzium plus Hydrogenkarbonat-Ionen

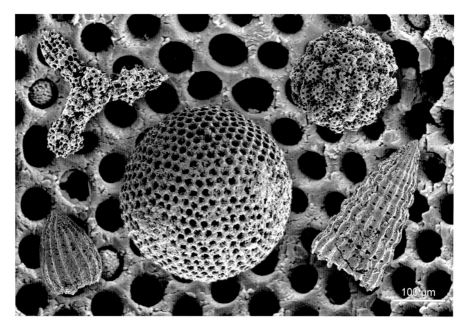

Abb. 61. Radiolarien als biostratigraphische Indikatoren für die zeitliche Einstufung der Unterkreide am Puez.

Abb. 62. Hornsteinknollen, ein typisches Erscheinungsbild im Barremium des Puez. Die Grundsubstanz für den Hornstein stammt aus Millionen von Radiolarien-Skeletten (SiO_2).

Das Schwierige dabei ist jedoch, dass sich die Tiefen der jeweiligen Karbonat-Lösungsgrenzen im Laufe der Erdgeschichte wesentlich verändert haben und so der Vergleich mit heutigen Gegebenheiten unzulässig ist. Auch schwanken die Zonen stark nach geographischen Breiten. In Ozeanarealen der intensiven Lösung von Karbonaten in den Weltmeeren finden wir angereicherte Tone und Sedimente, später Sedimentgesteine, aus Silikaten. Im Wesentlichen Siliziumdioxid SiO_2, gebildet durch Bestandteile von Mikroorganismen wie dem Skelettopal (SiO_2) von Strahlentieren (Radiolarien, Abb. 61), den silikatischen Schwammnadeln (Spiculae) von Kieselschwämmen oder dem SiO_2 von Kieselalgen (Diatomeen). Diese Organismen und deren Skelette werden in unzählbarer Zahl abgelagert und bei der Lithogenese zu Gestein verwandelt. Man kann diese deutlich unter dem Mikroskop im Dünnschliff, aber auch im Rasterelektronenmikroskop erkennen. Sedimentationsraten von kieseligen Sedimentgesteinen wurden mit 1–15 Meter per Million Jahre, was 0,001–0,15 Millimeter im Jahr bedeutet, angegeben (Garrison und Fischer 1969, Schlager 1974). Als Gestein kennen wir diese Reste als Radiolarit oder Hornstein, auch Chert genannt, sowie Kieselgur aus den Skeletten der Kieselalgen.

Am Puez treffen wir einen bemerkenswerten Sonderfall an. Dort finden wir in gewissen Horizonten des Hauteriviums und Barremiums Hornsteinknollen. Diese bestehen aus den oben genannten Lösungsprodukten von Radiolarien (Abb. 61). Das alleine ist noch nichts Spezielles, kenne ich doch solche Hornsteinknollen aus der gesamten Unterkreide dieses Zeitabschnitts. Die Form dieser Knollen ist jedoch einzigartig. So stecken die Knollen am Puez wie kleine Diapire in den Gesteinsschichten (Abb. 62 und 63). Diese merkwürdige verkehrte Birnenform entstand, als das

Abb. 63. Birnenförmige und diapirartige Knollen unterschiedlicher Größen.

Material (SiO_2) sich aus den unzähligen Skeletten löste, während der Diagenese mobil wurde, zu wandern begann und sich zu diesen harten Knollen vereinte. Die mobile Kieselsäure kristallisierte abermals aus und blieb so förmlich im Gestein, damals noch unverhärtetes Sediment, stecken (Abb. 62). Wichtig bei der Bildung ist dabei das Verhältnis von Karbonat zu Tonmineralien und Kieselsäure.

Verwendung hat diese eigenartige Gesteinsgruppe aus Siliziumdioxid schon in prähistorischen Zeiten, in der Steinzeit, gefunden. Durch den muscheligen, extrem scharfen Bruch wurden diese Splitter als Steinwerkzeuge zum Schneiden von Fleisch und anderen Materialen verwendet. Auch für medizinische Zwecke wurden sie eingesetzt, die scharfen Splitter dienten als Skalpelle. Als Flintstones, also Feuersteine, fand der Hornstein seit der Steinzeit und in späteren Kriegen in Steinschlosswaffen (16. bis 19. Jahrhundert) in Gewehren als Schlagstein Verwendung. In mancher dieser

Hornsteinknollen des Puez kann man ausgezeichnete Fossilien finden (Abb. 64).

Referenz-Lokalitäten für die Puez-Formation und deren Schichten sind Profile im umliegenden Gebiet des Puez-Gardenaccia-Plateaus, die Pizes de Puez (2918 m; E 011°48'50", N 46°35'52") sowie direkt östlich davon der Col de Puez (2725 m; E 011°49'29", N 46°35'38"), der Col de la Soné (2633 m; E 011°51'00", N 46°35'06"), Muntejela (2666 m; E 011°50'23", N 46°35'42"), die Forca de Gardenaccia (2598 m; E 011°51'21", N 46°34'53"; = Anderiöl in Costamoling und Costamoling 1994), der nördliche Teil des Sassongher (2615 m; E 011°51'18", N 46°34'30"; Abb. 65), der westlich gelegene Col de la Pieres (2747 m; E 012°05'33", N 46°37'58"), und die Region rund um die benachbarten Lokalitäten Antruilles (2000 m; E 012°04'14", N 46°36'45") und La Stua (1739 m; E 011°49'15", N 46°35'30").

Abb. 64. Typische Erhaltung des Ammoniten *Silesites vulpes* in einer Hornsteinknolle als Positiv und Negativ aus dem Barremium vom Puez.

Abb. 65. Der Aufstieg zur Puez-Hütte, Blickrichtung zurück zum Sassongher mit der Unterkreide-Spitze, hinten rechts.

Abb. 66. Hinweistafel beim Eintritt in den Puez-Geisler-Naturpark von der Edelweiß-Seite.

FOSSILIEN – ALTE BEKANNTE UND NEUE ARTEN

Es sei an dieser Stelle nochmals ausdrücklich darauf hingewiesen, dass das Sammeln von Fossilien und Mineralien im Naturpark Puez-Geisler strengstens verboten ist. Hinweistafeln an den Grenzen des Naturparks, und auch aller anderen Naturparke, geben darüber Auskunft (Abb. 66). Man musste bis vor zwei Jahren beim Amt für Natur und Landschaft um Grabungserlaubnis ansuchen, heute muss man sowohl beim Amt für Natur und Landschaft als auch beim Amt für Bodendenkmäler um eine Sammelerlaubnis in Bozen ansuchen. Das Dekret Nummer 42 der Landesregierung Südtirol vom 22. Jänner 2004 „Kodex der Kultur – und Landschaftsgüter" schreibt fest, dass das Sammeln und Bergen von Fossilien nur nach Ermächtigung des Landesamtes für Denkmalpflege erfolgen darf. Dieses Ansuchen wird in Folge von den Kollegen am Naturmuseum Südtirol begutachtet. Aber auch nach Erteilung einer solchen Ermächtigung sind alle Funde bis auf weiteres Eigentum des Landes Südtirol und müssen zur Begutachtung vorgelegt werden. Seit einigen Vorfällen mit skrupellosen Privatsammlern sind die Gesetze enorm verschärft worden, und das Zuwiderhandeln ist unter Strafe gestellt. Sammler hatten nämlich einige Fundstellen massiv beschädigt, ja gar zerstört. Es handelt sich jedoch wie immer um einige wenige schwarze Schafe unter den Sammlern. Leider gelten seit einigen Jahren diese strengen Auflagen auch für Wissenschaftler, was die Arbeit erschwert, ja teilweise unmöglich macht. Muss ja gerade das gesammelte Material untersucht werden, was langwierige Forschung am Objekt nach sich zieht.

Kann man also die Fossilien nicht mehr in den eigenen Sammlungen behalten, werden viele Wissenschaftler es vorziehen, an anderen Orten zu arbeiten. Es ist ja nicht so, dass jedes Fossil ein wahrer Schatz ist, meist kann damit gerade einmal eine Handvoll Wissenschaftler etwas anfangen, und das Material, wie in meinem Fall, wäre nach Jahren ohnedies am Puez verwittert. Ich verstehe auch die Diskrepanz zwischen Schutz der Natur und verantwortungsvollem Umgang mit Grabungsermächtigungen. Das Außer-Landes-Bringen von Natur- und Kulturschätzen soll unterbunden werden. Grundsätzlich interessieren Ämter meist ohnedies nur Dinosaurier-Funde oder anthropologische Gegenstände. Die UNESCO garantiert aber in den Statuten, dass die Wissenschaft in den Weltnaturerbe-Arealen und Weltkulturerbe-Gebieten ermöglicht, ja sogar forciert werden soll. Man wird sehen, ob sich die Lage, was die kontrollierte Ausfuhr von wissenschaftlichem Material betrifft, in den kommenden Jahren bessert.

Fossilien (vom Lateinischen *fossilis* = ausgraben) sind Organismenreste oder Spuren von Organismen, die per Definition älter als 10.000 Jahre sind. Dabei kann es sich um tierische (paläozoologisch) oder pflanzliche (paläobotanisch) Reste oder auch Spuren (paläoichnologisch) von Organismen handeln. Meist werden dabei die Hartteile wie Schalen oder Skelette erhalten und nach Umwandlung überliefert. Marine Organismen wie Ammoniten oder Belemniten starben und sanken zum Meeresboden ab, wo sie von Schlamm bedeckt wurden. Danach wurde die Schale gelöst oder durch mineralische Lösungen ersetzt. Diesen sehr vereinfacht dargestellten Vorgang bezeichnet man als Fossilisation. Die Wissenschaft, die sich mit diesen Fossilien beschäftigt, ist die Paläontologie.

Die Fossilien der Puez-Formation stammen aus der Unterkreide, genauer vom Obervalanginium bis in das Untercenomanium (Abb. 6). Das entspricht einem Alter von 137 bis 97 Millionen Jahren vor heute und einer Zeitspanne von rund 40 Millionen Jahren (Gradstein et al. 2012).

Bei den Fossil-Gruppen, die ich und mein Team am Puez finden konnten, handelt es sich bei den zoologischen Makroorganismen um Cephalopoden

Abb. 67. Ammoniten als Vertreter der Makrofossilien des Puez.
A: *Crioceratites krenkeli*. B: *Heinzia caicedi*. C: *Costidiscus recticostatus*.

(= Ammoniten und Belemniten, Abb. 67 und 68), Aptychen (= Unterkiefer von Ammoniten), Bivalven (= Muscheln), Gastropoden (= Schnecken), Echiniden (= Seeigel), Crinoiden (= Seelilien), Brachiopoden (= Armfüßer), Anthozoa (= Korallen) sowie Zähne von urzeitlichen Selachiern (= Haie). Davon sind lediglich die Ammoniten und Belemniten ausgestorben, die anderen Gruppen kann man auch heute noch, teilweise in großer Zahl und Formenvielfalt, in den Meeren auffinden. Bei den Mikrofossilien herrschen Gruppen wie Foraminiferen (= Kammerlinge) und Radiolarien (= Strahlentierchen) vor. Eine Vielzahl von Spurenfossilien wie Kriechspuren (Repichnia), Weidespuren (Pascichnia) oder Wohnspuren (Domichnia), also Grabgänge, meist durch fossile Würmer verursacht, wurden beobachtet und geborgen. Als pflanzliche Fossilien sind lediglich einzelne Holzreste von Araukarien gefunden worden. Von den genannten Makrofossil-Gruppen sollen im Folgenden die wesentlichen Vertreter beschrieben werden. Natürlich erhalten die Ammoniten, als mein Fachgebiet, eine etwas genauere und ausführlichere „Behandlung".

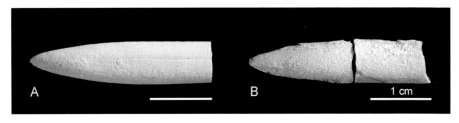

Abb. 68. Raritäten von Belemniten der Puez-Formation.
A: *Neohibolites* sp. B: *Belemnites pistilliformis*.

Ammoniten – Die wahren Herrscher des Erdmittelalters

Ammoniten zählen zu den bekanntesten fossilen Meerestieren. Ihre regelmäßige Spiralform und die markante Berippung faszinierten die Menschen schon seit Jahrtausenden. Die erstaunliche Formenvielfalt von normal aufgerollten bis zu den *„freakigen"* heteromorphen Formen (Abb. 13, 14 und 15), das oft massenhafte Auftreten und die teilweise enorme Größe der Ammoniten, mit Durchmessern bis zu 2,5 Meter, faszinieren Jung und Alt. Sie belegen die fantastische Wunderwelt der Meeresbewohner im Erdmittelalter. Vor 400 Millionen Jahren, im Zeitalter des Devon, entstanden die ersten Ammoniten. Ihre Blüte erlebten diese Weichtiere aber erst im Erdmittelalter zwischen 252 bis 66 Millionen Jahren vor heute. Von den mehr als 11.000 Arten an fossilen Kopffüßern stellen die Ammoniten mit 7000 Arten den Löwenanteil.

Puez-Ammoniten – Ästhetik in Stein

Eine biostratigraphische Einstufung und Unterteilung der unterkretazischen pelagischen und hemipelagischen Gesteine am Puez konnte durch Ammoniten durchgeführt werden (Lukeneder 2012a). Pelagische und hemipelagische Gesteine wurden primär fern vom Festland am Kontinental-Schelf und dessen Abhängen von 200 bis 4000 Meter Meerestiefe abgelagert. Leider ist es mir nicht möglich, einen einzelnen Ammonitenfund einer gewissen Meerestiefe zuzuordnen, denn der Ammonit kann den gesamten Wasserkörper über dem Meeresboden bewohnt haben. Tiefenschätzungen lassen sich lediglich über Vergesellschaftungen untereinander, mit anderen Fossilgruppen sowie der Lithologie und des Geochemismus durchführen. Dieses Thema ist gerade jetzt unter den Ammoniten-Forschern ein „heißes Eisen". Die Frage nämlich: Wo haben die Ammoniten eigentlich wirklich gelebt? Nahe am Meeresboden (benthisch), im Wasser treibend (planktonisch) oder aktiv schwimmend (nektonisch)? Wir sind diesem Geheimnis auf der Spur, die Lösung liegt jedoch noch im Dunkel der Erdgeschichte.

Häufig auftretende und charakteristische Ammoniten des Puez ermöglichen uns das Auffinden und eine Zuordnung zu erst kürzlich aufgestellten mediterranen Ammonitenzonen (Reboulet et al. 2009) von der *Balearites balearis*-Zone (*Crioceratites krenkeli*-Subzone) des Oberhauterivium bis zur *Gerhardtia sartousiana*-Zone (*Gerhardtia sartousiana*-Subzone) des Oberbarremium (Lukeneder 2012a, Abb. 13–15 und 67).

Die Ammoniten-Fauna besteht aus 17 Familien mit 44 verschiedenen Gattungen des Oberhauteriviums bis Oberbarremiums (Lukeneder

2012a). Sie sind vertreten durch Phylloceratidae mit *Phylloceras*, *Phyllopachyceras* und *Sowerbyceras*. Lytoceratidae mit *Lytoceras*, *Eulytoceras* und *Protetragonites*. Desmoceratidae mit *Plesiospitidiscus*, *Barremites*, *Valdedorsella*, *Abrytusites*, *Pseudohaploceras* und *Melchiorites*. Silesitidae mit *Silesites*. Holcodiscidae mit *Astieridiscus*, *Holcodiscus* und *Maurelidiscus*. Pulchelliidae mit *Gerhardtia*, *Heinzia*, *Kotetishvilia* und *Discoidellia*. Haploceratidae mit *Neolissoceras*. Crioceratidae mit *Crioceratites*, *Pseudothurmannia* und *Paracostidiscus*. Emericiceratidae mit *Emericiceras*, *Honnoratia* und *Paraspiticeras*. Acrioceratidae mit *Acrioceras* und *Dissimilites*. Ancyloceratidae mit *Toxancyloceras* und *Audouliceras*. Heteroceratidae mit *Moutoniceras*. Leptoceratoididae mit *Karsteniceras*, *Hamulinites* und *Sabaudiella*. Ptychoceratidae mit *Ptychoceras*. Hamulinidae mit *Hamulina*, *Anahamulina*, *Vasicekina*, *Ptychohamulina* und *Duyeina*. Megacrioceratidae mit *Megacrioceras*. Macroscaphitidae mit *Macroscaphites* und *Costidiscus* (Abb. 69).

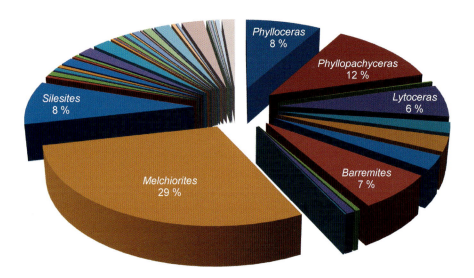

Abb. 69. Verteilungstorte der 44 unterschiedlichen Ammoniten-Gattungen aus der Unterkreide des Puez. *Melchiorites* dominiert klar über alle anderen Gattungen mit über 287 Exemplaren und 29%.

Seltsamerweise sind Ammoniten-Funde auf den untersten Teil der Puez-Formation, das Puez Limestone Member, beschränkt (circa 50 Meter, mergelige Kalke, Hauterivium–Barremium). Zahlreiche Ammoniten-Arten wurden erstmals in den Südalpen, und hier in den Dolomiten dokumentiert. Ammoniten-Häufungszonen sind vom Oberhauterivium bis ins mittlere Oberbarremium eindeutig mit Meeresspiegelschwankungen verbunden. Häufigkeits- und Diversitäts-Spitzen treten während Phasen von Meeresspiegelhochständen an Sequenzgrenzen mit den korrespondierenden maximalen Überflutungsflächen (= *maximum flooding surfaces*) auf. Die maximalen Überflutungsflächen stellen die Phase der größten und maximalen Transgression des Meeres dar. Die Zusammensetzung der Ammoniten-Vergesellschaftung der Puez-Formation birgt neue Erkenntnisse zur Paläobiogeographie der Unterkreide in den Dolomiten. Die Paläobiogeographie beschäftigt sich dabei mit der räumlichen, also geographischen Verbreitung von Organismen-Gruppen in der Zeit. Die Faunen-Zusammensetzung beleuchtet auch die Entwicklung der Umweltbedingungen in den Lebensräumen der marinen Ammoniten im untersuchten Zeitabschnitt. Die verbindende paläogeographische Position der Puez-Lokalität in der Unterkreidezeit dient als Schlüssel für das Verständnis der Ammoniten-Verbreitung des tethyalen und mediterranen Raumes zur Kreidezeit.

Aptychen – Unterkiefer von Ammoniten

Der Unterkieferapparat der Ammoniten bestand zur Unterkreide aus zweiteiligen, kalzitischen Platten, den Aptychen. Sie saßen im Inneren des Kopfes, an der Basis der Fangarme. Die meist stark gerieften Kauwerkzeuge waren zu Lebzeiten des Tieres miteinander verbunden, im Fossilbefund treten sie jedoch meist einzeln auf (Abb. 70). Sie können aber auch, wie in den Aptychen-Schichten, gehäuft auftreten. Die Anhäufung verdanken sie dem kalzitischen Aufbau, welcher widerstandsfähiger gegenüber Auflösung in tieferen Meeresbereichen ist als das aragonitische Gehäuse der Ammoniten (sehen Sie dazu auch das Kapitel Kalk und Mergel – Abfolge mit Sinn).
So konnten Ammoniten-Gehäuse nach dem Tod des Ammoniten-Tieres absinken, und wenn sie dabei die Aragonit-Kompensations-Tiefe (AKT) unterschritten, wurden die Schalen aufgelöst, während die kalzitischen Aptychen weiter absanken und sich auf dem Meeresboden anhäuften. Es kann jedoch auch Frachtsonderung vorliegen, was bedeutet, dass sich das gekammerte Gehäuse der Ammoniten beim Transport hydrostatisch anders verhielt als der Kieferapparat, sodass beide Hartteile des Ammoniten gesondert transportiert und an unterschiedlichen Orten abgelagert wurden. Nur in den seltensten Fällen finden sich Aptychen in Ammoniten-Wohnkammern, was eine taxonomische Zuordnung ermöglicht.

Abb. 70. Einklappiger *Lamellaptychus*, Teil eines Unterkieferapparates von Ammoniten aus der Unterkreide des Puez.

In der Puez-Formation spielen die Aptychen eine untergeordnete Rolle im Fossilbefund. Bei den tausenden von Ammoniten des Puez müssten ja doppelt so viel Aptychen zu finden sein. Warum sich die Situation am Puez so darstellt, liegt noch im Dunkeln. Wahrscheinlich ist die paläoozeanographisch erhöhte Lage des Trento-Plateaus dafür verantwortlich. Die Strömungsgeschwindigkeiten, und damit die Frachtsonderung zur Unterkreide dürfte eine nicht unwesentliche Rolle gespielt haben. Dieses Faktum deutet darauf hin, dass die Aptychen an anderer Stelle, die wir noch nicht gefunden haben, abgelagert wurden. Circa 100 Exemplare der Gattung *Lamellaptychus* (Abb. 70) konnten aus dem Zeitraum vor 137 bis 97 Millionen Jahren auf dem Puez gefunden werden (Lukeneder und Aspmair 2006). Die Gattungs- und Artnamen innerhalb der Klassifizierung von solchen Aptychen sind Teil einer Parataxonomie. Diese wird angewandt, wenn man einen Organismus, zu welchem bestimmte Schalen oder Skelettteile primär gehörten, nicht kennt. Findet man später solche Aptychen in den zugehörigen und entsprechenden Wohnkammern der Ammoniten, müsste man streng genommen den Gattungs- oder Artnamen einziehen und nur mehr vom Unterkiefer oder *Aptychus* des Ammoniten *xy* sprechen.

Belemniten – Donnerkeile und Teufelsfinger in Stein

Belemniten sind, wenn man so will, eine Schwestergruppe der Ammoniten. Wie diese zählen auch sie zu den Cephalopoden, den Kopffüßern. Sie lebten vom Karbon vor circa 360 Millionen Jahren bis vor 66 Millionen Jahren, wo sie am Ende der Kreidezeit mit den Ammoniten ausstarben. Die Belemniten besaßen im Gegensatz zu den Ammoniten ein internes Skelett (Endoskelett). Dieses besteht aus drei Teilen: dem Rostrum, dem Phragmokon und dem Proostrakum (Lukeneder 2005). Dem gekammerten Teil der Ammoniten entspricht hier das Phragmokon, das Proostrakum stellt ein dachartig rückgebildetes Relikt der Wohnkammer dar. Man findet im Fossilbeleg aber zumeist lediglich das Belemnitenrostrum, ein aus dichten Kalzitlagen aufgebautes, fingerförmiges Gebilde (Abb. 68). Das Aussehen brachte diesen Fossilien in der Frühzeit und im Volksmund die Namen „Donnerkeil" und „Teufelsfinger" ein. Von den zehn Fangarmen kennt man lediglich Abdrücke und die fossilen Fanghäkchen, die an den Armen sitzen. Das Aussehen der Belemniten war dem der heute lebenden Tintenfische (Coleoidea), den Kalmaren (Teuthida), am ähnlichsten. Am Puez sind die Belemnitenfunde wesentlich seltener als die der Ammoniten. Nur an die 30 Exemplare von Belemnitenrostren konnten entdeckt werden. Das mag auch an einem differenten Lebensraum der Belemniten liegen. Wahrscheinlich lebten die Belemniten eher am Rande des Trento-Plateaus, an den Abhängen zum Belluno-Becken und Lombardischen Becken, also in tieferen Bereichen. Über die Lebensweise und den Lebensraum von Belemniten ist aber bis heute nur wenig bekannt.

Bivalven – Muscheln als Fleischfresser

Innerhalb der Muscheln am Puez konnten einige bemerkenswerte Funde gemacht werden. Die Muscheln der Puez-Formation zeigen eigene Entwicklungslinien, wie man sie sonst noch nicht beobachtet hat. So konnte am Puez eine neuartige Muschelvergesellschaftung mit gänzlich neuen Faunenelementen innerhalb der Bivalvia beschrieben werden (Schneider et al. 2013). Weniger als 50 Exemplare konnten hierbei gesammelt werden, was, verglichen mit der Zahl der Ammoniten, verschwindend gering erscheinen mag, aber doch einige wichtige Aufschlüsse über das Leben am Puez in der Unterkreide preisgibt.

Die marine Vergesellschaftung gewährt Einblicke in das autochthone Bodenleben zur Zeit der Unterkreide. Autochthon verweist in diesem Zusammenhang auf nicht transportierte Schalenreste, die an Ort und Stelle abgelagert wurden. Die Muscheln des Puez werden hierbei von mesozoischen Tiefwasser-Kammmuscheln (Pectinidae) dominiert. Mit *Parvamussium pizpuezense* und der bis zu 12 Zentimeter großen Form *Parvamussium mordsdrum* (Abb. 71) konnten zwei Arten erstmals beschrieben werden (Schneider et al. 2013). Diese lebten wahrscheinlich epifaunal, das heißt auf dem Sediment liegend. Dabei ernährten sie sich von der Meiofauna, den kleineren Bodenlebewesen von 0,3 bis 1,0 mm Größe, betrieben Recycling von organischem Material und lebten carnivor, also fleischfressend. Sie besetzten dabei die Nische wie die heute lebenden Verwandten der Gattung *Parvamussium*. Wesentlich seltener konnten auch Vertreter der Inoceramidae wie *Inoceramus* und *Neocomiceramus* gefunden werden, die Suspensions-Filtrierer waren und ebenso auf dem Meeresgrund lebten. Sie filterten in Phasen hoher Produktivität Nährstoffe aus dem Meerwasser.

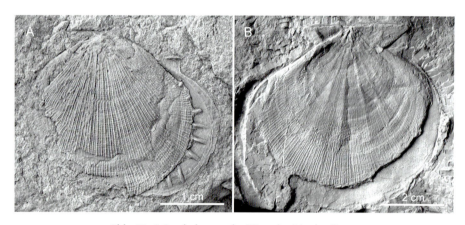

Abb. 71. Muscheln aus der Unterkreide des Puez.
A: *Parvamussium pizpuezense* und B: *Parvamussium mordsdrum*.

Brachiopoden – Armfüßer auf dem Meeresboden

Brachiopoden sind Armfüßer, die ihre zweiklappigen Schalen auf dem Meeresboden befestigen. Ihre äußere Form ähnelt der von Muscheln. Sie besitzen aber eine obere und eine untere Klappe, also eine Armklappe und eine Stielklappe, aus der ein muskulöser Stiel ragt, durch den sessile, d. h. festsitzende Brachiopoden auf dem Untergrund haften. Es gibt aber auch vagile Formen, das sind solche, bei denen der Stiel beweglich ist, und die damit das Sediment durchpflügen können. Die Armklappe trägt im Inneren das kalkige Armgerüst mit Tentakelkränzen, den Lophophoren. Dieses Element filtriert Nährstoffe aus dem Meerwasser.

Die dominante Zeitspanne der Brachiopoden, nach der Entstehung vor rund 530 Millionen Jahren, war das Paläozoikum. Im Paläozoikum waren sie extrem vielfältig (z. B. Ordnungen wie Spiriferida, Orthida, Atrypida) und sind dadurch gut als Leitfossilien verwendbar. Man kennt heute nahezu 35.000 Arten fossiler Brachiopoden. Zur Perm-Trias-Grenze, einem Zeitschnitt gigantischen Massensterbens mariner Organismen, starb die Mehrzahl der Brachiopoden aus. Heute kennen wir nur noch circa 380 Arten von Armfüßern in den Weltmeeren, *Calloria*, *Lingula*, *Liothyrella* und *Terebratula* etwa sind sehr bekannte noch lebende (= rezente) Vertreter. Am Puez finden sich lediglich Vertreter zweier Gattungen – *Pygope* und *Triangope* – der Ordnung Terebratulida (Abb. 72). Die bisher gefundenen Exemplare sind bis zu 4 Zentimeter groß und doppelklappig erhalten. An die 30 Exemplare konnten bis heute gefunden werden. Die Schalen bestehen aus dickem, stabilem Kalzit und sind deshalb auch gut erhalten geblieben. *Pygope* und *Triangope* sind im tethyalen Raum weit verbreitet und in manchen Schichten des oberen Jura und der unteren Kreide im mediterranen Raum geradezu massenhaft vertreten. Durch ihre charakteristische Form und Entwicklung dienen sie auch der biostratigraphischen Einstufung von Gesteinen.

Abb. 72. Exemplare des Brachiopoden *Pygope*, einer eigenwilligen Gattung mit Perforierung der Klappen.

Echiniden – Neu entdeckte Seeigelarten

Eine marine Seeigel-Vergesellschaftung konnte erstmals aus den Dolomiten der Südalpen vom Puez aus Schichten des oberen Hauteriviums bis oberen Barremiums beschrieben werden (Kroh und Lukeneder 2014, Abb. 73). Seeigel sind weitverbreitete Vertreter aus der Gruppe der größeren Bodenlebewesen in allen marinen Bereichen, von Küsten im intertidalen Bereich (= Gezeitenbereich) bis hinab zu den abyssalen Weiten der Ozeane von bis zu 6000 Meter Tiefe. Trotz ihres hohen Fossilisations-Potentials sind Seeigel nur selten fossil aus landfernen Gebieten (= *off shore*) belegt.

Abb. 73. Verschiedene Seeigel aus der Puez-Formation des Puez.
A: *Absurdaster puezensis*. B: *Absurdaster puezensis*. C: *Corthya* sp.

Die auf dem Puez in den Dolomiten vorgefundene Seeigel-Fauna stellt weltweit ein einzigartiges Fenster zu Tiefwasser-Seeigel-Vergesellschaftungen der Unterkreide dar. Obwohl Seeigel in Schichten der Unterkreide des alpinen Bereiches generell sehr selten sind, sind sie andererseits im Oberhauterivium bis Oberbarremium des Puez Limestone Members der Puez-Formation relativ häufig. Schicht-für-Schicht-Besammlung (= *bed-by-bed*) resultierte in mehr als 200 Seeigeln, die alle aus dem untersten Teil des Profils stammen. Die untersten, also ältesten Belege sind aus der *Balearites balearis*-Zone (*Binelliceras binelli*-Subzone), die höchsten aus der *Gerhardtia sartousiana*-Zone (*Gerhardtia sartousiana*-Subzone, Abb. 97), direkt unter dem weit verbreiteten Hartgrund (= *hardground*) des mediterranen *Halimedides*-Horizonts (Lukeneder et al. 2012b). Die Erhaltung der Exemplare ist im Allgemeinen durch die starke Verdrückung und Kompaktion der dünnen Schalenelemente des aus Platten zusammengesetzten Internskelettes (= corona) als eher dürftig zu bezeichnen.

Die Gattung *Absurdaster* konnte erstmals mit der neuen Art *Absurdaster puezensis* vom Puez beschrieben werden (Kroh et al. 2014). Die irregulären

Formen des Puez lebten am oder knapp im Meeresboden, wo sie das Sediment, auf dem Puez den Kalkschlamm, nach Nährstoffen durchpflügten.

Korallen – Ungewöhnliche Bewohner der Tiefsee

Sehr selten kann man auch vereinzelte Korallen auf dem Puez vorfinden. Korallen zählen zu den Nesseltieren (= Cnidaria), und hier genauer zu den Blumentieren (= Anthozoa). Korallen würde man nicht als Erstes in Tiefwasser-Sedimenten von unter 200 Meter vermuten. Sie passen eher zum Riffbereich und zu seichten Plattformen.

Circa 30 Exemplare von Einzelkorallen konnten entdeckt werden. Dabei treten diese immer in Verbindung mit Steinkernen von Ammoniten auf. Es handelt sich um Einzelkorallen der Gattung *Fungiacyathus* (*Cycloseris* in Lukeneder 2008). In den letzten Jahrzehnten wurden auch von Sammlern und Wissenschaftskollegen die Abdrücke dieser Korallen nicht als solche erkannt. Meist wurden deshalb die positiven Teile, also das echte Fossil, weggeworfen. Lediglich die Ammoniten mit den schwachen Anwachsspuren wurden gesammelt, der Verursacher der rundlichen Strukturen auf den Steinkernen der Ammoniten blieb aber unerkannt. Schon 2001 hatte mich Christian Aspmair auf diese Strukturen hingewiesen. Wir waren uns aber damals beide im Unklaren, was wir da in Händen hielten.

Unterkreide-Abfolgen des Puez in den Dolomiten Norditaliens erbrachten eine diverse und artenreiche Fauna von Ammoniten, auf denen zum Teil eine einzigartige Epifauna aufwuchs. Diese am Meeresboden lebenden und teilweise an harten Objekten festsitzenden Organismen sind in diesem Fall ahermatypische solitäre Korallen der skleraktinen Gattung *Fungiacyathus* (Abb. 74). Ahermatypische Korallen sind nicht riffbildend und besitzen keine Zooxanthellen, wie dies die meisten Riffkorallen tun. Aber auch die nicht riffbildenden Einzelkorallen wie *Fungiacyathus* scheiden Kalk ab und bilden so ein Skelett, das bei dieser Einzelkoralle durch Septen geteilt wird. Scleractinia sind Steinkorallen, die in den meisten Fällen in Symbiose mit den Zooxanthellen, den einzelligen Algen, leben. Die Zooxanthellen betreiben Photosynthese und bauen so Kohlenstoffdioxid (CO_2) ab, stellen aber Nährstoffe wie Zucker zur Verfügung, was zur Ernährung der Korallenpolypen dient.

Zooxanthellen benötigen zur Photosynthese Licht, daher existieren zooxanthellate Korallen nur bis zu circa 70 Meter Tiefe im lichtdurchfluteten Bereich. Findet man also solche Zooxanthellen tragende Korallen im Fossilbeleg, kann man die Tiefe des Ablagerungsgebietes abschätzen. Und genau hier ist der Haken: Die kleinen, bis zu vier Zentimeter großen Einzelkorallen des Puez wachsen auf den harten Schalen der toten Ammoniten, wenn diese auf den Meeresboden abgesunken sind (sehen Sie dazu auch das Kapitel Spezialitäten am Puez – Schlagobers auf dem Kuchen). Die kleinen, diskusförmigen Korallen gehören aber leider zur Gruppe der azooxanthellaten Korallen, welche keine Zooxanthellen im Inneren des Skelettes besitzen, die Licht zum Leben benötigen. Man kann also in unserem Fall der Puez-Korallen keine Tiefenabschätzung vornehmen. Zumal man erst seit wenigen Jahren azooxanthellate Kaltwasserkorallen bis in Tiefen von über 3000 Meter kennt.

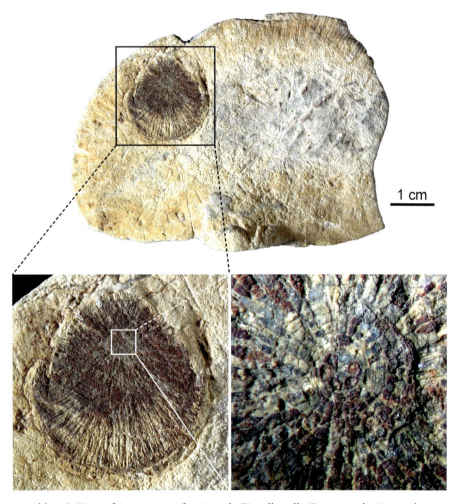

Abb. 74. Die auf Ammoniten festsitzende Einzelkoralle *Fungiacyathus* ist nur bei genauer Betrachtung zu erkennen.

Bioturbation – Unbekannte Verursacher

Bioturbation ist das Graben und Durchwühlen des Sediments durch verschiedene Organismen. Man kennt im rezenten Befund natürlich die Verursacher von Bioturbation in Sand und Kalkschlamm heutiger Meeresböden. Meist sind es Würmer und Krebse, die charakteristische Gänge und Bauten anlegen.

Im Fossilbeleg sieht die Sache leider anders aus, da die Schalen oder Skelette der Verursacher nicht überliefert sind. Spurenfossilien (= Ichnofossilien) sind im Gestein leicht auszumachen. Es zeigen sich dabei dunklere Linien und Punkte, die einzeln oder verzweigt auftreten können. Auf dem Puez konnten vorwiegend die Typen von *Chondrites*, *Halimedides*, *Spongeliomorpha* und *Zoophycos* festgestellt werden (Abb. 75). Dabei werden Größen von wenigen Millimeter bis zu 50 Zentimeter erreicht. Die Spuren werden als Grabbauten oder Weidespuren von vorzeitlichen Würmern oder Krebsen am oder im Sediment gedeutet. Die Organismen durchwühlten das Sediment nach verwertbaren Nährstoffen und fertigten auch Wohnbauten in verschiedenen Tiefen und Formen des Sediments an. Der exakte Verursacher ist in den meisten Fällen unbekannt.

Abb. 75. Bis zu 50 cm große kegelförmige Grabbauten des Spurenfossils *Zoophycos* aus dem Oberhauterivium des Puez, links. Ähnliche Fressbauten von *Phycosiphon* mit deutlich sichtbaren Gängen, rechts.

SPEZIALITÄTEN AM PUEZ – SCHLAGOBERS AUF DEM KUCHEN

Für meine deutschen Freunde und Leser sei gesagt: Schlagobers ist Schlagsahne. Im Folgenden werden Funde, Vergesellschaftungen und Spezialitäten des Puez-Gebietes beschrieben, die in einigen Fällen bis dato ausschließlich vom Puez bekannt und beschrieben sind. Beispiele sind die einzigartige Ammoniten-Korallen-Vergesellschaftung sowie die Kupfererzknollen des Puez. In anderen Fällen konnten erstmals Korrelations-Niveaus wie das Faraoni Level oder der *Halimedides*-Horizont am Puez nachgewiesen werden.

Abb. 76. 1–3 cm große, grüne und manchmal durch Limonit gelblich gefärbte Jaspisknollen aus dem Oberbarremium des Puez.

Erz und Jaspis – Unzertrennliche Verbindung

Was haben Jaspis und Erz auf dem Puez zu suchen? Und was könnten diese beiden Verbindungen miteinander zu tun haben? Schon vor zehn Jahren machte mich Christian Aspmair auf die kleinen, unscheinbaren Knollen vom Puez aufmerksam. Ich konnte zuerst nichts mit diesen grünlich-braunen, bis zu zehn Zentimeter großen Knollen anfangen (Abb. 76 und 77). Sie wirkten für mich wie kleine verschrumpelte Erdäpfel (= Kartoffeln). Erst nach zwei Jahren hatte ich den Bereich, aus dem die Knollen stammten, gefunden. Ich dachte mir zuerst: „Nichts Besonderes, kleine Hornsteinknollen halt." Aber ich sammelte einige Exemplare ein und verstaute sie in Gesteinsladen der verschiedenen Sammlungen. Heute liegen Stücke davon im Naturmuseum Südtirol und im Naturhistorischen Museum in Wien.

Abb. 77. Die auffällig grüne Schicht bildet die Basis der Jaspislage. Sie setzt sich aus Smektiten (Schichtsilikaten) oder Tonmineralien zusammen.

Nach einem weiteren Jahr reizte es mich dann doch, eine solche Knolle auch von innen zu betrachten. Ich schnappte mir also fünf solcher Dinger und begab mich in die Präparation zur Gesteinssäge.
Schon nach dem zweiten Schnitt war klar, dass mit diesen Knollen etwas nicht stimmte. Ich holte also weitere Knollen aus meinem Arbeitsraum, später dann auch noch welche aus dem Gelände, und zu meinem Erstaunen war in nahezu jeder dritten Knolle ein schwarz schimmerndes Material eingeschlossen (Abb. 78). Zu diesem Zeitpunkt konnte weder ich noch der Rest der Kollegenschar sich einen Reim darauf machen. Eine genaue Material-Analyse musste also her.
Ich wandte mich an unsere Mineralogen im Naturhistorischen Museum, in diesem Fall die Kollegen Uwe Kolitsch und Franz Brandstätter. Nach

mehreren Rasterelektronenmikroskop-Aufnahmen und anschließender Feinstoffanalyse stellte sich heraus, dass die grünen Knollen aus Jaspis (SiO$_2$) bestanden und das schwarze Material im Kern Kupfererz (Cu$_x$S$_x$) war (Abb. 78 und 79). Wir waren einigermaßen erstaunt, kannte man das doch bisher nicht aus den Dolomiten.

Abb. 78. Der Kern solcher Jaspisknollen wird oftmals von dunklen Kupfersulfiden (Cu$_x$S$_x$) gebildet.

Abb. 79. Aufgebrochene und geschnittene Jaspisknollen des Puez. Deutlich zu sehen ist die weiße Aderung aus Kalzit im Kern mancher Knollen.

Die anschließenden exakteren Analysen ergaben, dass manche Erzproben mit Annabergit (Nickelblüte, Ni$_3$(AsO$_4$)$_2$ × 8 H$_2$O) überzogen waren, auch Pyrit (FeS$_2$) fand sich darin (Abb. 80 und 81). Man kann auf den

REM(= Rasterelekronenmikroskop)-Bildern der Gesteine erkennen, dass das Material ein ursprüngliches Sedimentgestein ersetzte, umschließt es doch Mikrofossilien des marinen Bereiches. Zusätzlich wurden EDX-Analysen durchgeführt. Dabei werden in einem Elekronenmikroskop Elektronen auf das Material geschossen, um dann die erzeugte Röntgenstrahlung zu analysieren (EDX = energiedispersive Röntgenmikroanalyse). Nur so können kleinste Partikel analysiert und deren charakteristisches Spektrum der Elemente dargestellt werden.

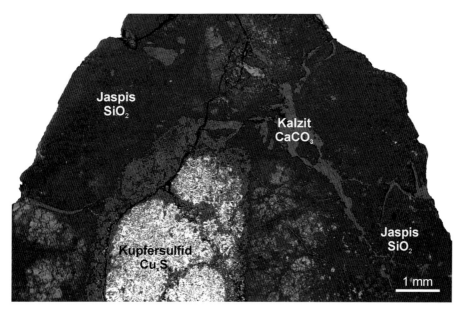

Abb. 80. Rasterelektronenmikroskopische Aufnahme der Jaspis-Kupfererzprobe. Das Kupfersulfid erscheint weiß, Jaspis dunkelgrau und Kalzit in feinen Spalten hellgrau.

Jaspis, auch als Mutter der Edelsteine bezeichnet, ist eine wunderschöne mikrokristalline Varietät des Minerals Quarz (SiO_2) aus der Gruppe der feinkristallinen Chalzedone. Das Silizium aus der Formel des feingeschichteten Jaspis stammt im Falle des Puez-Vorkommens aus den Skeletten von Radiolarien (Strahlentierchen, sehen Sie auch das Kapitel Kalk und Mergel – Abfolge mit Sinn). Das Siliziumdioxid (SiO_2) aus Skelettopal (SiO_2) von Radiolarien wird in unübersehbarer Zahl abgelagert und bei der Lithogenese zu Gestein verwandelt. Es umschließt später die Erzknollen. Die Knollen liegen auf einer reinen Radiolarienschicht von zwei Zentimeter Dicke, diese Schicht diente als Silizium-Lieferant für die Bildung der Jaspisknollen.

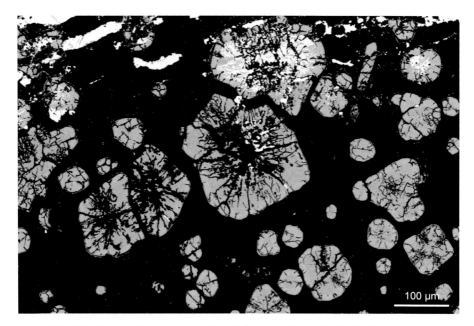

Abb. 81. Rasterelektronenmikroskopische Aufnahme des Jaspis-Kupfererzes. Hellgraue Pyritkristalle „schwimmen" in der dunkleren Jaspismatrix.

Nicht so klar ist hingegen die Herkunft des Kupfererzes in den Knollen. Es ist noch immer nicht exakt geklärt, ob es submarinem Vulkanismus entstammt oder durch Bakterientätigkeit im Sediment entstanden ist. Zum aktuellen Zeitpunkt wird in Belgien eine Erzmikroskopie durchgeführt, die den Ursprung klären soll.

In unserem Fall des Puez-Kupfererzes handelt es sich um ein Kupfersulfid (Cu_xS_x). Genauer gesagt Anilit Cu_7S_4 und Spionkopite $Cu_{39}S_{28}$, wissenschaftlich exakt $Cu_{6.72}S_{4.00}$ und $Cu_{36.80}S_{28.00}$. Die Schwefel(S)-Isotopenanalysen deuten eher auf eine Bildung im Sediment, also eine Entstehung durch Bakterientätigkeit hin. Der gemessene Schwefelisotopenwert mit $\delta^{34}S$ 48,9‰ spricht jedenfalls deutlich für einen sedimentär-diagenetischen und biogenen Bildungsprozess. Bei submarinen hydrothermalen Lösungsausfällungen von Schwefel würden die $\delta^{34}S$-Werte um die 0,0‰ liegen. Die Sache ist spannend, und wir bleiben dran, bis wir die Lösung gefunden haben. Aber nochmals zur Erinnerung: Das Sammeln von Mineralien und Fossilien ist nur nach Einholung einer Genehmigung in Bozen erlaubt!

Fossiles Holz – Driftholz im Dolomitenmeer

Erstmals konnte auch fossiles Driftholz vom Puez beschrieben werden (Kustatscher et al. 2013). Der fossilisierte Teil eines Baumstammes konnte aus Schichten des Puez Marl Members geborgen werden. Während der Geländearbeiten 2010 konnte ich dieses Stück finden und bergen (Abb. 82). Das Alter konnte durch die Mikrofossilien wie planktonische Foraminiferen und Radiolarien aus dem umgebenden Gestein auf mittleres Albium mit circa 105 Millionen Jahren datiert werden.

Abb. 82. Fossiler Holzstamm (mit Astgabelung) der Gattung *Agathoxylon* mit gelblichem Überzug aus Limonit aus dem Albium des Puez Marl Members. A: Lateralansicht. B: Aufsicht.

Das Holz war im damaligen Ozean, der alpinen Tethys, gedriftet und erst später auf den Meeresboden der heutigen Dolomiten gesunken, wo es einsedimentiert wurde. Hundert Millionen Jahre später zeigte das Holz noch immer jede einzelne Holzzelle sowie die typische Struktur und ließ sich so bestimmen (Abb. 83). Darauf basierend wurde es der Gattung *Agathoxylon* zugeordnet und besitzt Gemeinsamkeiten mit der Gruppe der Koniferen aus der Familie der Araucariaceae. Das Holz weist undeutliche Jahresringe auf, was für ein Wachstum des Baumes innerhalb eines breiten, feuchten subtropisch-tropischen Ringes spricht. Durch die anhaltend gleichen Bedingungen ohne großartige Jahreszeitenwechsel fehlen gut ausgeprägte Jahresringe, wie wir sie von unseren heutigen Bäumen der gemäßigten Breiten in Europa kennen. In einem typischen marinen Ablagerungsraum, wie ihn die Schichten des Puez zur Zeit der Unterkreide darstellen, sind solche Funde aufschlussreiche Belege für Land oder Inselvorkommen dieser Zeit. Die Verdriftung kann allerdings hunderte, ja tausende Kilometer betragen haben, bis das Holz seine endgültige Ruhestätte fand. Es handelt sich also um passive Belege für Landvorkommen dieser Zeit. Diese einstmaligen Landflächen und ihre damalige Position sind heute durch Erosion und Gebirgsbildung im geologischen Befund unauffindbar.

Der Stamm zeigt die Gabelung eines Astes und enthält zudem auch einige zylindrische Bohrspuren von holzbohrenden Organismen, die uns die Transportgeschichte und die Driftgeschichte besser verstehen lassen. Diese Bohrgänge enthalten eine Vielzahl von Kotpillen (= *faecal pellets*) bohrender Organismen wie jener der Hornmilben (= *oribatid mites*), welche den Stamm befallen hatten (Abb. 83). Dies geschah entweder, während der Stamm „lebte" oder kurz nach dem Absterben des Baumes. Bevor der *Agathoxylon*-Stamm eingebettet wurde, driftete er eine unbestimmte Zeit

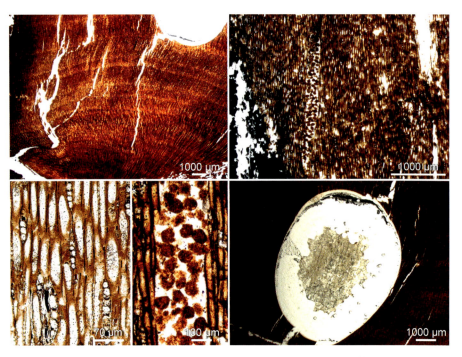

Abb. 83. Feinste Strukturen des fossilen Holzes sind nach 105 Millionen Jahren erhalten geblieben. Darunter die einzelnen Zellen des Holzes und die Spuren der Bebohrung durch Hornmilben und den „Schiffsbohrwurm" *Teredo*, einer in Holz bohrenden Muschelart.

auf die offene See und wurde ein weiteres Mal von Organismen befallen. Diesmal von alten Bekannten, Vertretern der Schiffsbohrwürmer Teredinidae. Der Name „Schiffsbohrwurm" ist dabei irreführend, denn es handelt sich eigentlich nicht um Würmer, sondern vielmehr um eine spezielle Muschelform mit reduzierten Muschelklappen, die sich in Holz einnistet. Sie lebt ausschließlich in marinen Bereichen, also Zonen des Salzwassers. Diese Formen sind sowohl in fossilen Hölzern als auch, heute lebend, in Holzschiffsrümpfen, hölzernen Kaianlagen und Treibholz zu beobachten. Sie wurden deshalb auch oft als „Termiten der Meere" bezeichnet. Fossil wird diese Spurenfossilgattung als *Teredolites longissimus* bezeichnet.

Geochemische Untersuchungen am organischen Material des fossilen Driftholzes (Lukeneder et al. 2012c) erbrachten erstaunliche Ergebnisse. So konnte mit Hilfe der Analyse von Kohlenwasserstoffen (= *terpenoid hydrocarbon*) auch geochemisch die Herkunft des Holzes aus der Koniferengruppe innerhalb der Araucariaceae belegt werden. Intensiver Zerfall des organischen Materials lässt abermals auf längere Verdriftung des Stammes schließen. Dies wird auch durch das Auftreten der starken Bebohrung durch Schiffsbohrwürmer (= *shipworm*) unterstrichen.

Die Funde fossilen Holzes sind wahre Raritäten der kreidezeitlichen Flora Italiens. Diese Funde können Lücken im Verständnis der Zusammensetzung und Ökologie der Flora sowie der tektonischen Geschichte dieser Region schließen.

Ammoniten und Korallen – Eine einseitige Beziehung

Eine Besonderheit stellen die bewachsenen Ammoniten auf dem Puez dar. Sie werden teilweise von der Einzelkoralle *Fungiacyathus* bewachsen. Über einen sehr langen Zeitraum der Unterkreide, vom Oberhauterivium bis Oberbarremium, was einer Zeitspanne von circa fünf Millionen Jahren entspricht, existierte diese bemerkenswerte Beziehung. Sie ist bis heute ausschließlich aus Unterkreide-Gesteinen des Puez in Norditalien bekannt. Die sehr diverse wirbellose Tierfauna setzt sich auf dem Puez aus Ammoniten, Aptychen, Belemniten, Muscheln, Schnecken, Armfüßern, Seeigeln, Schwebecrinoiden, benthischen und planktonischen Foraminiferen und Radiolarien zusammen. Die benthischen Bewohner, also auf dem Meeresboden lebende Makrofossilien, sind Brachiopoden, Muscheln und Seeigel. Aber eben auch Kalkröhrenwürmer (Serpuliden) und – sensationellerweise – fixosessile Korallen. Fixosessile Organismen sind fest mit dem Untergrund, in unserem Fall mit der Ammoniten-Schale verbunden.

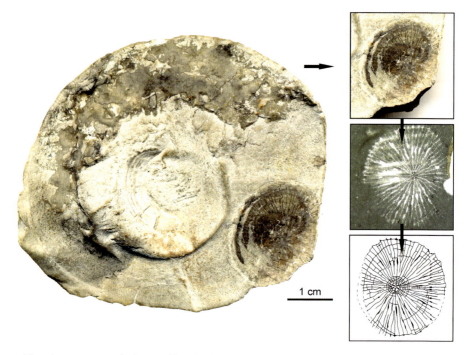

Abb. 84. Eine Besonderheit stellen die bewachsenen Ammoniten auf dem Puez dar. Die Einzelkoralle *Fungiacyathus* setzte sich auf die auf dem Meeresboden liegenden Ammoniten-Schalen. Deutlich sind die strahligen Septen im Anschliff und Dünnschliff der Koralle zu erkennen.

Eine solche Ammoniten-Korallen-Beziehung ist weltweit aus keiner anderen Zeit und Fundstelle bekannt. Diese Vergesellschaftung wurde zum ersten Mal überhaupt vom Puez beschrieben (Lukeneder 2008).
In den meisten Fällen ist lediglich der runde Abdruck der Basalplatte (= Theca) auf dem Ammoniten-Steinkern zu sehen (Abb. 84). Die aragonitische Schale des Ammoniten, die zwischen Sedimentfüllung und Koralle lag, ist durch diagenetische Prozesse aufgelöst. Das ursprünglich auch aragonitische Korallenskelett ist durch sekundären, stabileren Kalzit ersetzt und daher überliefert. Nur wenige dreidimensionale, also körperlich erhaltene Korallen konnten sichergestellt werden. Grund dafür ist, dass in der Vergangenheit bei der Ammoniten-Präparation die Negative (= Abdrücke) der Ammoniten weggeworfen wurden. In diesen Negativen sitzen aber die körperlich erhaltenen Korallen. Man muss allerdings sehr genau schauen, um sie zu entdecken. Alle Formengruppen der Ammoniten, von glatt bis stark berippt, von eingerollt bis gerade gestreckt, sind von den Korallen bewachsen worden. Die Form des Ammoniten und der Berippung wurde

dabei einfach von der kalkigen Basalplatte der Koralle nachgeformt. Es gibt demzufolge keine Präferenz für bestimmte Ammoniten-Gruppen oder -Formen, besiedelt wurde, was eben auf dem Meeresboden herumlag und nicht mit Schlamm bedeckt war.

Die Korallen des Puez inkrustierten, also umwuchsen die äußere Schalenoberfläche, wogegen das Innere der Schalen, wie die Wohnkammer, gänzlich unberührt blieb. Die Schalen der toten Ammoniten sanken auf den Meeresboden und wurden alsbald von den Larven der Einzelkorallen besiedelt. Diese Epibionten – Organismen, die auf anderen Lebewesen festsitzen, diesen aber meist keinen Schaden zufügen –, setzen sich auf Hartgründen fest (Lukeneder 2008). Die Ammoniten dienten also als sekundäre Hartgründe und Ankerpunkte, die von den Korallen besiedelt wurden. In den umgebenden Schlammböden war es den Korallenlarven nicht möglich, sich anzusiedeln. Die Besiedelung der Korallen erfolgte lediglich auf einer Seite, der Oberseite der Ammoniten-Gehäuse. Die untere, im Schlamm liegende, blieb frei von Korallenbewuchs. Dies zeigt den Zeitpunkt der Besiedelung, erst auf dem Meeresboden nach dem Tod des Ammoniten, an. Die Schalen müssen lange genug frei auf dem Meeresboden gelegen haben, um eine Besiedelung und ein Leben zu ermöglichen. Die Korallen benötigten nämlich doch eine gewisse Zeit, bis sie die vier Zentimeter Durchmesser erreichen konnten. Die Basalplatten bei *Fungiacyathus* zeigen einen Durchmesser von zwei Millimeter bei jungen (= juvenil) und bis zu vier Zentimeter bei ausgewachsenen (= adult) Formen. So ähnlich auch andere Korallentypen sein mögen: Bis heute ist von keiner einzigen anderen Korallenform eine Ammoniten-Besiedelung bekannt.

Bis zu sechs Einzelkorallen konnten auf einem Ammoniten entdeckt werden. Die Koralle saß ihr gesamtes Leben, Monate bis Jahre, auf dem Ammoniten fest. Gemeinsam mit Kalkröhrenwürmern, den Serpuliden, wuchsen sie auf den Ammoniten, bis sie vom Sediment bedeckt wurden und starben.

Einen gänzlich anderen Fall der Besiedelung stellt der Bewuchs von Ammoniten-Schalen durch winzige Muscheln der Gattung *Atreta* aus der Ordnung der Pectinida dar. Diese setzten sich mit einer Schale der beiden Klappen fest. Es handelt sich hierbei um echten Kommensialismus zwischen Ammonit und Muschel. Der Ammonit schwebte zum Zeitpunkt der Besiedelung in der Wassersäule, war also noch am Leben. Da er an der Außenseite bewachsen war, störte ihn der Muschelbewuchs nicht weiter, die Muscheln hingegen hatten immense Vorteile, denn sie wurden sozusagen in nährstoffreiche Zonen transportiert. Da die Besiedelung im Fossilbeleg an beiden Seiten des Ammoniten festzustellen ist, kann das Gehäuse während der Besiedelung nicht im Sediment gelegen haben.

Exemplare von Ammoniten, die Muschelbewuchs zeigen, weisen niemals Bewuchs von Korallen auf und umgekehrt. Hier lässt sich also wunderbar der Kontrast zwischen Boden-Besiedelung durch Korallen nach dem Tod des Ammoniten-Tieres (= *post mortem*) und dem Bewuchs von lebenden Ammoniten durch Muscheln in der Wassersäule (= *in vivo*) erkennen.

Alle Gruppen der Ammoniten mit Lytoceratina, Phylloceratina, Ammonitina und Ancyloceratina wurden gleichermaßen besiedelt (Lukeneder 2008). Besiedelte Gattungen und Arten sind im Detail: *Leptotetragonites honnoratianus, Phyllopachyceras infundibulum, Phyllopachyceras bontshevi, Phylloceras tethys, Lytoceras subfimbriatum, Silesites vulpes, Melchiorites cassidoides, Barremites psilotatus, Crioceratites krenkeli* und *Ancyloceras matheronianum* (Abb. 13–15, 74 und 84).

Das Faraoni Level – Leithorizont der Unterkreide

Das Faraoni Level wird in sauerstofffreien (= anoxischen) bis sauerstoffarmen (= dysoxischen) Bedingungen des Faraoni Anoxic Events abgelagert. Dabei handelt es sich um eine kurze Zeitspanne im Oberhauterivium, in welcher es in der westlichen Tethys zur Bildung von schwarzen und organisch angereicherten Schichten kam. Dazu konnten in der Puez-Formation neue stratigraphische und paläoozeanographische Daten gewonnen werden (Abb. 26). Der untersuchte Teil umfasste die *Balearites balearis*- und *Pseudothurmannia ohmi*-Ammonitenzonen des Oberhauteriviums im normalen Paläomagnetik-Chron des oberen M5 (Lukeneder and Grunert 2013).

Eine circa 30 Zentimeter mächtige Schicht konnte am Puez als das Faraoni Level identifiziert werden (Abb. 85). Das Faraoni Level liegt exakt in der *Pseudothurmannia mortilleti*-Subzone, die sich durch die charakteristische Ammoniten-Vergesellschaftung, einem positiven Trend in der $\delta^{13}C_{bulk}$-Kurve und einem *peak* (= Spitzenwert – Maximum) in den Kohlenstoffisotopen-Werten, auszeichnet (Abb. 94, 95, 96 und 97).

Der Wandel in der Ammoniten-Vergesellschaftung und die Bildung von schwarzen, organisch angereicherten Lagen fällt mit dem Faraoni Anoxic Event der westlichen Tethys im mediterranen Raum zusammen (Cecca et al. 1994a, b, 1996, Faraoni et al. 1996, Baudin et al. 1997, 1999, 2002, Coccioni et al. 1998, 2006, Erba et al. 1999, Bersezio et al. 2002, Bellanaca et al. 2002, Busnardo et al. 2003, Baudin 2005, Company et al. 2005,

Abb. 85. Die Lage des Faraoni Levels im Oberhauterivium des Teilprofils P1, links. Die typischen schwarzen Schichten des Faraoni Levels, rechts.

Bodin et al. 2006, 2007, 2009, Tremolada et al. 2009, Föllmi et al. 2011, Föllmi 2012).
Bei solchen anoxischen Events handelt es sich um Phasen, in denen sauerstoffarme oder sauerstofffreie Gebiete bzw. Meeresschichten ausgebildet werden. Es kommt hier zur Anreicherung von organischem Material und Kohlenstoff. Das Faraoni Event zeigt erstmals in der Unterkreide einen markanten Sprung in den Kohlenstoffisotopen (Abb. 95). In der Gesteinsabfolge zeigt sich dieses Sauerstoffmangel-Event durch die weitreichende Ablagerung von organisch angereicherten Schwarzschiefern (= *black shales*). Es handelt sich dabei aber zumeist nicht um echte Schiefer, sondern um schwarze oder dunkelgraue Mergel und Tone (Abb. 85). Die schwarze Farbe stammt von der Masse des schwarzen organischen Materials. Die Gesamtmenge des organischen Materials in Sedimentgesteinen wird als TOC-Wert angegeben (= *total organic carbon*), welcher die Gesamtheit des organischen Kohlenstoffs misst (sehen Sie dazu auch das Kapitel Wissenschaftliche Methoden – Bedeutung und Sinn). Die Werte sind generell sehr niedrig in den grauen Mergeln und Kalken des Puez. TOC ist meistens unter 0,1%, nur in den Schichten des Faraoni Levels zeigt sich ein enormer Anstieg bis zu TOC 7,0% und ein paralleler Anstieg des Schwefelgehalts (TS = *total sulphur*) von unter 0,1% auf bis zu 2,7% (Lukeneder und Grunert 2013, Abb. 94).
Die Bedingungen während des Faraoni Events, unter denen solche zeitlich begrenzte, im Gesteinsprofil sehr geringmächtige Lagen entstehen können, werden in der Wissenschaftswelt weitreichend diskutiert. Als hauptverantwortlich wird eine Eutrophierung (= Nährstoffeintrag oder Nährstoffanreicherung) des Tethys-Ozeans im obersten Hauterivium angesehen.

Dabei kommt es zu verstärktem Eintrag von Nährstoffen in die Randmeere der Tethys, was zu einer gesteigerten Produktion von Algen und Mikroorganismen führt. Diese gewaltige Biomasse sinkt auf den Meeresboden ab, wo sich die organischen Bestandteile anreichern. Durch den baktcriellen Abbau dieser Substanzen kann es zu sauerstoffarmen bis hin zu sauerstofffreien Zonen kommen.
Das Nährstoffüberangebot wurde mit verschiedenen Faktoren in Zusammenhang gebracht:

- Eustatischer Anstieg des Meeresspiegels (= Schwankungen des Meeresspiegels im globalen Ausmaß) und daraus resultierende Überflutungen der epikontinentalen Bereiche (= zeitweise Überflutung des Festlandes durch Schelfmeere, Bodin et al. 2006) sowie der Eintrag von nährstoffreichem Wasser (Mutterlose und Bornemann 2000, Bodin et al. 2006, Godet et al. 2006).
- Warmes und feuchtes Klima, das in erhöhten Verwitterungsraten resultierte (Godet et al. 2008), und eine Zunahme der Wasserschichtung des Meeres auf Grund des erhöhten Flusseintrags (Bodin et al. 2009).
- Ein intensivierter Rückfluss von Phosphor aus anoxischen Sedimenten (Bodin et al. 2006, 2009).
- Erhöhtes *upwelling* (= Aufstieg nährstoffreichen Tiefenwassers durch Küstenwinde) entlang der norwestlichen Tethys-Küsten (Bodin et al. 2006).

Die Häufigkeit von Mikroplankton wie Radiolarien und Nannoconiden zeigt einen Wandel im Zeitschnitt um das Faraoni Level an: Eine eutrophe, also nährstoffreiche Phase wandelte sich während des Faraoni Events zu einem oligotrophen, also nährstoffarmen System.
Während dieser Periode der sich ändernden Umweltbedingungen bildete das Trento-Plateau ein submarines Hochgebiet (Dercourt et al. 1993, Barrier und Vrielynck 2008), auf welchem noch schwarze, organisch angereicherte Schichten abgelagert wurden. Dies konnte jetzt erstmals am Puez nachgewiesen und als Faraoni Event identifiziert werden (Lukeneder und Grunert 2013).
Die Bedingungen und das Milieu am nordöstlichsten Teil des Trento-Plateaus, dem Puez-Gebiet, unterscheiden sich zur Zeit des Faraoni Events von anderen Gebieten weiter westlich. Die erhöhte Position des Plateaus verursachte stärkere Strömungen als in den tiefer gelegenen Becken. Während des Faraoni Anoxic Events befanden sich die nordöstlichen Bereiche des Trento-Plateaus um den Puez im obersten Bereich der Sauerstoff-Mi-

nimum-Zone (= *oxygen minimum layer*) und waren damit nur zeitweise von Sauerstoff-Abbau betroffen (Abb. 26), wohingegen die westlichen Teile des Plateaus inmitten dieser sauerstoffarmen Schicht lagen.

Halimedides-Horizont – Spuren im Kalkschlamm

Auch ein neuer Marker-Horizont konnte am Puez entdeckt werden (Lukeneder et al. 2012b, Abb. 86). Dieser schmale Horizont zieht, einem schmalen Band gleich, um den Puez und zeichnet sich durch ein Massenvorkommen von *Halimedides annulata* aus (Abb. 87). *Halimedides* ist ein charakteristisches Spurenfossil aus der Kreidezeit. Der Spurenhorizont ist eng umrissen und kommt um den gesamten Puez nur in einer Mächtigkeit von rund 20 Zentimeter vor. Er tritt am Puez am Top der pelagischen und hemipelagischen Schichten des Puez Limestone Members auf. Der charakteristische Horizont erscheint im mittleren Teil der Oberbarremium *Gerhardtia sartousiana*-Zone (*Gerhardtia sartousiana*-Subzone). Der Horizont wurde in den oberen 20 Zentimeter der Schicht P1/204 festgelegt (Abb. 86 und 94–97). Der Horizont ist leicht zu identifizieren, da die Spurenfossilien mit rotem, mergelig-siltigem Sediment gefüllt sind. Dieses Sediment stammt aus überlagernden Schichten des Puez Redbed Members. Das graue Gestein des Oberbarremiums ist demnach von Gängen des Aptiums durchdrungen. Dieser Horizont wurde zum ersten Mal aus den Dolomiten und den Südalpen beschrieben. Er kann jedoch mit vergleichbaren Vorkommen des mediterranen Raumes korreliert werden (Gaillard und Olivero 2009). Die Spuren-Vergesellschaftung von *Halimedides*, *Spongeliomorpha* und *Zoophycos* in diesem Horizont wirft Licht auf die sedimentologische Historie und Strömungsgeschichte dieses Bereiches in der Unterkreide. Die Oberfläche der Schicht P1/204 zeigt klar ein Tiefwasser-Substrat mit charakteristischer *Glossifungites* Ichnofazies (Seilacher 1967, MacEachern und Burton 2000, Pemberton et al. 2004, MacEachern et al. 2007), die typischerweise auf *firmground* (= leicht verfestigtes Sediment) schließen lässt (Buatois und Mángano 2011, Lukeneder et al. 2012b). Eine Sedimentationsdauer von 200.000–300.000 Jahren wird für die obersten 20 Zentimeter von Schicht P1/204 angenommen. Dies zeigt auch die Entwicklung von Becken und Plateaus dieser Zeit im Oberbarremium der Südalpen. *Halimedides* gilt als Indikator für den Sauerstoffgehalt des Bodenwassers und der Sediment-Beschaffenheit (Gaillard und Olivero 2009). Je nach Anordnung der Kammern in den Grabbauten lassen sich Rückschlüsse auf diese Ökofaktoren ziehen. Der *Halimedides*-Horizont markiert auch die untere Grenze einer gewaltigen Sedimentationslücke (= Hiatus) von bis zu fünf Millionen Jahren. Erst im Oberaptium beginnen wieder Gesteine mit Schichten des Puez Redbed Members. Ob zur Zeit der Schichtlücke, vom mittleren Oberbarremium bis zum Oberaptium, nicht sedimentiert wurde oder ob teils tektonische Abscherung vorliegt, muss noch geklärt werden.

Abb. 86. Position des *Halimedides*-Horizonts im Oberbarremium des Teilprofils P1, Top der Schicht P1/204, links. Handstück des *Halimedides*-Horizonts mit H, *Halimedides* und Sp, *Spongeliomorpha*, rechts.

Abb. 87. Der Spurenfossil-Leithorizont ist durch das gehäufte Auftreten von *Halimedides annulata* gekennzeichnet. Die Grabgänge sind mit rötlichem, siltigem Sediment aus den darüberliegenden Schichten des Aptium gefüllt. H, *Halimedides* und Sp, *Spongeliomorpha*.

WISSENSCHAFTLICHE METHODEN – BEDEUTUNG UND SINN

Im folgenden Kapitel sollen kurz und verständlich die wissenschaftlichen Methoden zusammengefasst werden, die innerhalb des Puez-Projektes zur Anwendung kamen. Es kann sich dabei nur um eine vereinfachte und verkürzte Darstellung handeln, da dies sonst in Umfang und Detailgenauigkeit den Rahmen dieses Buches sprengen würde (für exakte Anwendungen und Daten sehen Sie dazu die angegebene Literatur und Internetseiten).

Wir untersuchten die Gesteine und Fossilien des Puez mit allen Mitteln, die uns zur Verfügung standen und zugleich leistbar und finanzierbar waren. Heute gibt es ja sogar Analysen, bei denen eine Probe an die 500 Euro kostet. Zunächst ließen wir an hemipelagischen und pelagischen

Abb. 88. Hunderte Probensäcke für den Versand an internationale Kollegen.

Abb. 89. Folgende Doppelseite: Der Helikopter wurde zum Transport der Gesteinsproben herangezogen. Die Möglichkeit bestand auf den Rückflügen der Lebensmittellieferungen zur Puez-Hütte.

Gesteinen der Puez-Formation geochemische und geophysikalische Analysen durchführen. Unterkretazische Kohlenstoffzyklen ($\delta^{13}C_{bulk}$) und Sauerstoffzyklen ($\delta^{18}O_{bulk}$) erbrachten neue Erkenntnisse zu den Umweltbedingungen und klimatischen Veränderungen dieses Bereiches sowie der damaligen Meerestemperatur für die Unterkreide in den Dolomiten. Lithologische und geochemische Daten der Karbonate ($CaCO_3$ = *carbonate* in Prozent), Kohlenstoff-Gehalte (TOC = *total organic carbon* in Prozent) sowie Schwefel-Gehalte (TS = *total sulphur* in Prozent) wurden mit geophysikalischen Messungen wie magnetischer Suszeptibilität (= *magnetic susceptibility* in SI) und Gammastrahlen-Messungen (= *gamma-ray* in cps = *counts per second*) kombiniert. Diese Ergebnisse und Daten dienen als Hinweise für die Entwicklung der Umweltbedingungen des nördlichen Trento-Plateaus im Reich der Tethys (= *Tethyan Realm*) während der Unterkreide und Mittelkreide vor rund 137 bis 97 Millionen Jahren. Paläomagnetische Daten und präzise Untersuchungen der Mikroorganismen und Nannofossilien erlauben eine exakte altersmäßige Einstufung der Schichten und Fossilien am Puez.

Mechanische Bergung – Proben und Fossilien

Was, zugegeben, sehr trivial klingen mag, bildet aber die Grundlage jeder weiteren Bearbeitung und Analyse, wie sie im weiteren Verlauf dargestellt werden. Es beginnt alles mit körperlich anstrengender Arbeit. Die Proben und Fossilien liegen ja nicht, wie oft vermutet, so einfach auf den Bergen herum. Es bedarf stundenlanger, ja tagelanger Arbeit mit Brechstange, Hammer und Meißel, um die Gesteinsproben (Abb. 88 und 89) und Fossilien aus dem Profil oder Gestein zu bergen. Da das Gestein ja, wie der Name Stein schon verspricht, hart ist, bedeutet dies durchaus eine Herausforderung. Dabei ist ein gerichtetes Entnehmen, Schicht für Schicht, der Proben oder Fossilien unumgänglich. Bei der Fossilsuche durch unerfahrene Personen werden die Fossilien zumeist eher zerstört, was in weiterer Folge die Bestimmung erschwert. Hobbysammler sind dann immer sehr unglücklich, wenn Wissenschaftler diese vollkommen „misshandelten" und bis zur Unkenntlichkeit verstümmelten Fossilien nicht bestimmen können.

Nach der oben beschriebenen Bergung müssen die Proben und Fossilien umgehend beschriftet und in geeignete Behältnisse verstaut werden. Ein „Ich merk mir das eh!" gibt es in der Wissenschaft nicht. Die Erfahrung hat gezeigt, dass unbeschriftete und nicht entsprechend verstaute Fossilien oder Proben und die daraus gewonnenen Erkenntnisse meist unverwertbar werden. Die Fossilien werden im weiteren Verlauf in Präparationen durch Druckluftstichel (Abb. 90), kleine Meißel oder in Sandstrahlgeräten vom umgebenden Gestein befreit.

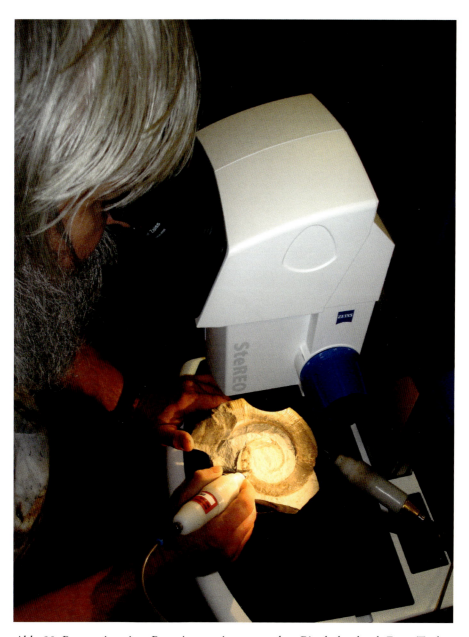

Abb. 90. Präparation eines Puez-Ammoniten unter dem Binokular durch Franz Topka.

Fossilien – Urzeitliche Organismen

Die unterschiedlichsten Fossilgruppen dienen nach der Freilegung und Präparation als Mittel zur relativen Alterseinstufung von Gesteinen. Die Evolution der Organismen, in unserem Fall die Veränderung der Morphologie, erlaubt es uns, die Fossilien zueinander in Relation zu setzen. Jegliche Veränderung an der Gestalt – am Beispiel von Ammoniten an Windungen, Rippen, Knoten, Stacheln oder Lobenlinien –, kann Aufschlüsse geben. Es entsteht so erst ein „älter und jünger", was das Prinzip der Biostratigraphie bildet. Zur Bestimmung der taxonomischen Stellung, also der Klassifizierung der Fossilien in einem Schema, bedarf es zeitaufwendigen Literaturstudiums. Hunderte Artikel in nationalen und internationalen Wissenschaftsjournalen in nahezu ebensovielen Sprachen müssen studiert und analysiert werden. Die Beschreibungen und Abbildungen von Kollegen sind dabei im besten Fall Hilfswerkzeuge für die exakte Bestimmung der eigenen Funde. Im schlimmsten Fall führen Sie einen durch Falschbestimmung oder mangelhafte Abbildung auf die falsche Fährte.

Auf dem Puez handelt es sich ausschließlich um marine Organismen, also Lebewesen, die das Meer bewohnten. Der Großteil der Organismen zählt dabei zur Gruppe der Evertebrata (= Invertebrata), also der wirbellosen Tiere. Lediglich die gefundenen Haifischzähne im Albium gehörten Vertretern der Haie (Selachii) an (Abb. 91). Ammoniten bewegten sich in der freien Wassersäule, wohingegen Seeigel (= Echiniden), Seelilien (= Crinoiden), Korallen (= Anthozoa), Muscheln (= Bivalven), Schnecken (= Gastropoden) und Armfüßer (= Brachiopoden) am Meeresboden lebten. Ausnahmen bestätigen die Regel. So lebt die auf dem Puez gefundene Muschel *Atreta* meist pseudoplanktonisch, auf lebenden oder toten driftenden Ammoniten festgewachsen.

Die Lebensweise verschiedener Organismengruppen erscheint klar, ist aber von großer Bedeutung für die Einbettungsgeschichte und somit Erhaltungsfähigkeit von Organismen. Bodenlebende (= benthische) Organismen werden zumeist an Ort und Stelle zusedimentiert oder eingegraben (= *in situ*), wohingegen Ammoniten ob ihres gekammerten Gehäuses Verdriftungen bis zu 1000 Kilometer hinter sich bringen konnten, bevor sie zu Boden sanken und von Sediment begraben wurden. Ähnliche Vedriftungen kann man beim heute lebenden *Nautilus*, dem Perlboot, beobachten.

In Gesteinen des Puez sind lediglich die Hartteile, also Schalen und Skelette, der Organismen erhalten. In den meisten Fällen sind aber wie bei den Ammoniten auch die Schalen diagenetisch aufgelöst und nur noch

Abb. 91. Haifischzahn aus dem Albium des Puez Marl Members vom Puez.

Steinkerne existieren. Bei den Muscheln, Seeigeln, Seelilien, Armfüßern und Korallen sind die Schalen und Skelette meist aus Kalzit ($CaCO_3$) erhalten, oft aber in sekundären Kalzit umgewandelt. Die Haifischzähne sind aus robustem Fluor-Apatit ($Ca_5[F(PO_4)_3]$) aufgebaut. Eine Ausnahme bildet der Fund des fossilen Baumstammteils mit Astgabel in marinen Sedimentgesteinen (Abb. 82 und 83). Der Baum wuchs natürlich ursprünglich auf dem Festland. Primär wahrscheinlich auf einer Inselgruppe beheimatet, wurde er erst später durch den Wind auf das offene Meer getragen, wo er im Albium vor circa 105 Millionen Jahren auf den Meeresboden sank und vom Sediment konserviert wurde.

Dünnschliffe – Darf's ein bisschen weniger sein?
Viele Strukturen, Komponenten und Fossilien bleiben dem Betrachter durch ihre geringe Größe verborgen. Um diese zu entschlüsseln, wendet man die Technik der Dünnschliffpräparation an (Abb. 92). Dabei werden circa 2,5 × 2,5 Zentimeter große Gesteinsklötzchen von circa 1 Zentimeter Dicke aus dem zu untersuchenden Gestein geschnitten. Wichtig ist dabei die gerichtete Kennzeichnung mit einem Pfeil (nach oben oder

unten), um die Ablagerungsgeschichte besser rekonstruieren zu können. Diese Gesteinsplättchen werden mit bis zu 63 µm Pulver, meist Siliziumkarbid (SiC), immer feiner geschliffen und dann mit Kunstharz auf ein ebenso großes Glasplättchen (1,8–2,0 Millimeter dick), welches auch angeraut wurde, geklebt. Nach dem Erhärten im Trockenschrank können nun auf einer Dünnschliffmaschine hauchdünne Gesteinsschichten abgeschnitten werden. Am Ende dieses Vorganges werden diese wenige Millimeter starken Glas-Gesteinsplättchen, die Dünnschliffe, noch von Hand auf die gewünschte Dicke reduziert. Am Ende ist die Gesteinsschicht auf dem Glas je nach dem gewünschten Resultat und der zu beobachtenden Organismengruppe 10–50 Mikrometer (= 10–50 µm) dünn (Abb. 93). Anschließend kann man unter einem Mikroskop oder Binokular die kleinsten Komponenten und Mikrofossilien wie Mineralkörner, Radiolarien und Foraminiferen erkennen und bestimmen.

Abb. 92. Anton Englert beim Erstellen von Dünnschliffen an der Dünnschliffmaschine.

Abb. 93. Gesteinsklötzchen und Dünnschliffe von Proben des Puez.

Geochemische Analysen – Elemente und Verbindungen

Geochemische Analysen dienen zum einen der korrekten Ansprache des Gesteins und zum anderen dem besseren Verständnis der Bildungsgeschichte von Sedimenten und Gesteinen.

Die Untersuchungen werden mit sogenannten Massenspektrographen durchgeführt.

Diese Kombinationsmethodik wird angewendet, um mithilfe des Massenspektrometers die Komponenten einer Probe sowie deren Quantität zu bestimmen und die Bestandteile durch den Gaschromatographen aufzutrennen. Mit diesen Geräten lässt sich der Anteil von Karbonat (= Kalziumkarbonat, $CaCO_3$), Kohlenstoff (= *carbon*, C), Stickstoff (= *nitrogen*, N) und Schwefel (= *sulphur*, S) in Gesteinen pro Volumen exakt bestimmen (Abb. 94). Die Resultate werden meist in Gewichtsprozenten von Gesteinsproben (= wt% der *bulk rock samples*) angegeben. Vereinfacht gesagt, verbrennt man eine gewisse Menge trockenen, feinen, exakt abgemessenen Gesteinsstaubs oder bringt den Gesteinsstaub durch Säure zur Verdampfung, sodass anschließend die dabei frei werdenden Rückstände gemessen werden können. Dabei kann es sich beim ausgeworfenen Verbrennungsgas um CO_2 handeln, dessen thermische Leitfähigkeit gemessen und später in eine standardisierte Formel zur Berechnung eingegeben wird. Die entstandenen Gase werden direkt an einem angeschlossenen Gaschromatographen analysiert. Wünscht man nur Ergebnisse des gesamten organischen Kohlenstoffes (= *total organic carbon*, TOC), muss die Probe, um das Karbonat wegzulösen, zuerst mit Säure behandelt werden. So konnten für den Puez $CaCO_3$-Werte von 41,8% bis zu 95,8% errechnet werden. Diese Werte zeigen eine Reichweite der Karbonatsedimentation von Mergeln bis Kalken (sehen Sie dazu auch das Kapitel Kalk und Mergel – Abfolge mit Sinn). Es ist jedoch ein klarer Trend vom kalkigeren Puez Limestone Member (Unterhauterivium–Oberbarremium, Profile P1, P4, P7) mit 77,7–84,1% hin zum mergeligen Puez Marl Member (Oberaptium–Untercenomanium, Profile P2, P3, P5, P6) mit 41,8–73,5% zu erkennen (Abb. 94).

TOC (= *total organic carbon*) wurde – unter der Voraussetzung, dass das gesamte Karbonat pures Kalzit ist –, aus der Differenz vom Gesamtkohlenstoff (= *total carbon*) und Karbonat-Kohlenstoff (= $CaCO_3$ *equivalents calculated from total inorganic carbon*) berechnet (Arthur et al. 1986). TOC beschreibt die Quantität organischen Materials in einer gegebenen Probe und reflektiert die Produktion des organischen Materials ebenso wie die Erhaltung (Hunt 1996). Die Erhaltung wird vom Ursprung des organischen Materials (marin oder terrestrisch), dem Sauerstoffgehalt des Meerwassers und des Sediments sowie dem Grad der Bioturbation und der Sedimentationsrate bestimmt (Hunt 1996, Peters et al. 2005). Die TOC-Werte im Puez Limestone Member (Unterhauterivium–Oberbarremium, Profile P1, P4, P7) zeigen Schwankungen im Bereich von TOC 0,03–0,55%. Die Maxima liegen wie erwähnt in den organisch angereicherten Lagen (Schichten P1/54–56) des Faraoni Levels mit Spitzen von TOC 5,7–7,0% (Abb. 94). Der obere Teil im Puez Redbed Member und Puez Marl Member (Oberaptium–Untercenomanium, Profile P2, P3, P5, P6) zeigt Werte von TOC 0,03–0,60%.

Schwefel (= *sulphur*), gemessen als Gesamtwert pro Probe in *total sulphur* (TS), reflektiert primär im paläontologischen Sinne den Grad der Aktivität Sulfat-reduzierender Bakterien und dient als Indikator für die Intensität der Anreicherung des Bodenwassers mit Sauerstoff (Peters et al. 2005).

Als Baustein von Aminosäuren und Enzymen ist Schwefel ein essentieller Baustein des Lebens. Reduzierende Bakterien benötigen den Schwefel, um im Beisein von organischem Material die Bildung von Pyrit (FeS_2) initiieren zu können (sehen Sie dazu auch das Kapitel Computertomographie – Blick ins Innere von Fossilien). Die Schwefel-Werte (TS) des Puez Limestone Members (Unterhauterivium–Oberbarremium, Profile P1, P4, P7) bewegen sich in einem Intervall von TS 0,37–0,55%. Wie schon erwähnt, gibt es positive Ausreißer im Faraoni Level (Schichten P1/54–56) mit bis zu TS 2,4–2,7%. Der obere Teil im Puez Redbed Member und Puez Marl Member (Oberaptium–Untercenomanium, Profile P2, P3, P5, P6) zeigt Werte von TS 0,33–0,61% (Abb. 94).

Da organischer Stickstoff (= *nitrogen*, N) mehrheitlich von Peptiden und Aminosäuren der Organismen wie Plankton stammt (Knicker 2004, 2011), kann Stickstoff als Indikator für planktonische Produktivität und Mengen-Daten der Primärproduktion herangezogen werden. Diese reflektieren die Umweltbedingungen, z. B. das Sauerstoff-Angebot, zur Zeit der Bildung des Sediments. Der gesamte Gehalt der Proben an Stickstoff (= *total nitrogen*, TN) wurde bestimmt, um das Verhältnis von Kohlenstoff zu Stickstoff (C/N = TOC/TN) feststellen zu können. Das Verhältnis von Kohlenstoff zu Stickstoff zeigt den Ursprung des organischen Materials an. Terrestrisches (= vom Festland stammendes) organisches Material zeigt charakteristischerweise Werte von C/N > 15, während marines (= im Meer gebildetes) organisches Material (OM) Werte von C/N ≤ 5 aufweist (Lukeneder und Grunert 2013). Molekularer Stickstoff N_2 ist mit 78% Hauptbestandteil der heutigen Atmosphäre. Aber Stickstoff ist auch ein Strukturbestandteil pflanzlicher und tierischer Zellen. Atmosphärischer Stickstoff (N_2) gelangt erst durch die Stickstofffixierung (N_2 zu NH_3 und NH_4^+, Ammoniak und Ammonium) mit Hilfe von Mikrobakterien in die Pflanzen und durch abregnende Salpetersäure (HNO_3) in den Boden, wo die Säure durch Nitrifikation zu Nitraten (NO_3^-) umgewandelt wird. Die wichtigen Kohlenstoff/Stickstoff-Verhältnisse (C/N) des Puez Limestone Members (Unterhauterivium–Oberbarremium, Profile P1, P4, P7) bewegen sich in einem Interval von C/N 0,46–0,81. Der obere Teil im Puez Redbed Member und Puez Marl Member (Oberaptium–Untercenomanium, Profile P2, P3, P5, P6) zeigt Werte von C/N 0,61–10,1. Die generell niedrigen C/N-Werte im unteren, kalkigeren Teil zeigen deutlich einen marinen Ursprung des organischen Materials an, wohingegen die steigenden Werte im oberen, mergeligeren Teil mit höherem Tongehalt einen terrestrischen Einfluss verraten.

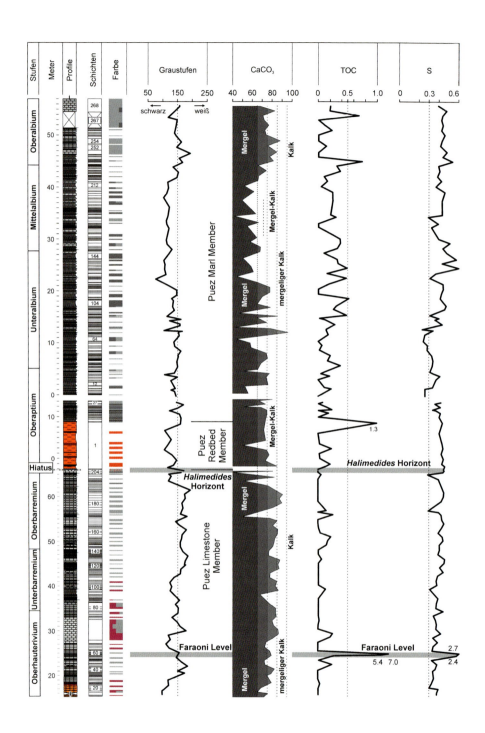

Abb. 94. Geochemische Analysen der Unterkreidegesteine vom Puez im stratigraphischen Kontext. Farbe, Graustufen, $CaCO_3$, TOC und Schwefel-Analysen.

Isotope – Sauerstoff und Kohlenstoff

Sauerstoff (O) und Kohlenstoff (C) sind mit die wichtigsten Bestandteile und Bausteine des Lebens und der Organismen. Beide, sowohl Sauerstoff als auch Kohlenstoff wurden beim Aufbau von organischem Material eingebaut, und zwar in dem Verhältnis, das zur Zeit der Bildung vorherrschte. Isotope des gleichen Elements haben die gleiche Ordnungszahl, aber verschiedene Massezahlen, also eine unterschiedliche Anzahl von Neutronen. Man kann die stabilen Isotopenverhältnisse von Sauerstoff ($^{18}O/^{16}O$) und Kohlenstoff ($^{13}C/^{12}C$) von fossilen Einzelorganismen oder Gesteinen messen und erhält so Aussagen zum Bildungsort und den Paläoumweltbedingungen (Abb. 95).

Die relative Häufigkeit der heute existierenden Isotope beträgt bei Sauerstoff für ^{18}O 0,204% und ^{16}O 99,759%. Bei Kohlenstoff sind die Häufigkeiten ^{13}C 1,11% und ^{12}C 98,89%. Aussagen über das veränderliche Klima und Temperaturschwankungen in den Ozeanen beruhen auf Schwankungen dieser Mengenverhältnisse. Verschiebungen in den $^{18}O/^{16}O$- oder $^{13}C/^{12}C$-Verhältniswerten zeigen daher sich ändernde Umweltbedingungen durch chemische oder physikalische Prozesse an (Hoefs 2004, Lukeneder et al. 2010). Eine Änderung des $^{18}O/^{16}O$-Verhältnisses des Meerwassers spiegelt sich also in einer Verschiebung des $^{18}O/^{16}O$-Verhältnisses in Makrofossilien, Mikrofossilien und im Sedimentgestein wider und erlaubt so eine globale Korrelation (Veizer und Hoefs 1976, Veizer et al. 1999, Gradstein et al. 2012, Grossman 2012). Verschiebungen im Verhältnis $^{13}C/^{12}C$ weisen bei Einzelorganismen meist auf Nahrungsunterschiede oder Fortpflanzungsprozesse hin. In Gesteinen zeigen Änderungen des $^{13}C/^{12}C$-Verhältnisses Änderungen des CO_2-Haushaltes der Erde und komplexe Wechsel der Kohlenstofflieferanten an.

Schwankungen der $\delta^{18}O$-Werte in Fossilien und Gesteinen spiegeln die Schwankungen der $\delta^{18}O$-Werte des Meerwassers und somit der Temperatur zur Bildungszeit fossiler Hartteile wider. Schon Urey et al. (1951) konnten zeigen, dass die Sauerstoffisotopenverhältnisse eine direkte Funktion der Meerwassertemperatur darstellen. Die $\delta^{18}O$-Werte stehen dabei eng mit der temperaturabhängigen Eisbildung an den Polen in Zusammenhang (Grossman 2012), da das Eis (Polareis und Gletscher) ja nach Verdampfung unterschiedliche Mengen und Verhältnisse von schwerem ^{18}O und leichtem ^{16}O einlagert.

Während glazialer Eisbildung an den Polen kam es zu erhöhter Einlagerung von Wasser mit geringerem Anteil an schwerem Sauerstoffisotop ^{18}O in glazialem Eis. Dies führte wiederum zu einer Anreicherung von ^{18}O im

Meerwasser (höhere δ^{18}O-Werte) und daraus folgend auch in Fossilienschalen, Skeletten und authigenen (an Ort und Stelle entstandenen) Mineralien. Niedrigere Temperaturen in solchen glazialen Phasen verstärken die ^{18}O-Anreicherung, die durch glaziale Eisbildung verursacht wird (Grossman 2012). Das Abschmelzen der Pole in wärmeren Zeiten (interglazial) senkt den Gehalt von δ^{18}O des Meerwassers und bildet so marine Karbonate und fossile Hartteile mit niedrigeren δ^{18}O-Werten. Dabei ist es wichtig, dass die einzelnen Fossilgruppen, die gemessen werden, in ihre Schalen und Skelette den Sauerstoff im Gleichgewicht mit den δ^{18}O-Werten des Meerwassers einbauen (= *oxygen isotopic equilibrium*). Dies gilt für Mollusken wie Muscheln, Schnecken und Ammoniten, wohingegen dies bei Korallen und Seeigeln nicht zutrifft. Die Werte letzterer Organismen können um bis zu 3‰ vom Meerwasser abweichen (= Vital-Effekt), was bei der Interpretation der δ^{18}O-Daten bis zu 12° Temperaturunterschied bedeuten würde.

Die Isotopenwerte werden durch die Massenspektrometrie gewonnen und relativ zu einem internationalen Standard angegeben. Beschrieben wird dabei die Abweichung (in ‰) des Verhältnisses der schwereren Isotope (^{18}O und ^{13}C) zu den leichteren Isotopen (^{16}O und ^{12}C), von einer bestimmten Probe zum internationalen Standard. Internationale Standards sind für Sauerstoff und für Kohlenstoff fix definiert.

Vereinfachte Formeln (R = ^{18}O/^{16}O und R = ^{13}C/^{12}C)

$$\delta\ (‰) = \left(\frac{R_{Probe} - R_{Standard}}{R_{Standard}}\right) \times 1000$$

also für Sauerstoff

$$\delta^{18}O\ (‰) = \left(\frac{(^{18}O/^{16}O)_{Probe} - (^{18}O/^{16}O)_{Standard}}{(^{18}O/^{16}O)_{Standard}}\right) \times 1000$$

oder eben für Kohlenstoff

$$\delta^{13}C\ (‰) = \left(\frac{(^{13}C/^{12}C)_{Probe} - (^{13}C/^{12}C)_{Standard}}{(^{13}C/^{12}C)_{Standard}}\right) \times 1000$$

Für die Sauerstoffisotopenanalyse wird der internationale *Vienna Standard Mean Ocean Water* Standard (V-SMOW), für die Kalibrierung der Kohlenstoff-Isotopenverhältniswerte wird der *Vienna Peedee Belemnite* Standard (V-PDB, Kalzit von *Belemnitella americana* aus South Carolina) verwendet. Die $\delta^{18}O$-Werte für Meerwasser der Standards sind aus heutigen Systemen mit polarem Eis (= *polar ice sheets*) mit 0‰ definiert (Kendall und Caldwell 1998). Zu eisfreien Systemen der Kreidezeit ohne polarem Eis (= *ice free*) wird der Wert mit $\delta^{18}O$ –1‰ angenommen (Shackleton und Kennett 1975).

Die Isotope dienen also als Klimaproxies, als indirekte Anzeiger für bestimmte Ereignisse und Trends. Kohlenstoff scheint stabiler gegen Diagenese zu sein und ergibt über die Erdgeschichte die wesentlich besseren und glaubwürdigeren Ergebnisse als Sauerstoff. An den Puez-Proben wurden die Gesteine (= *bulk samples*), und darüber hinaus zur Überprüfung der Daten auch Einzelorganismen (= *organism samples*) gemessen. Für exakte Daten wären Messungen an Schalen und Skeletten der Einzelorganismen wie Ammoniten, Belemniten, Brachiopoden und Mikrofossilgruppen wie Foraminiferen zu bevorzugen. Dazu müssten aber die Originalschalen erhalten geblieben sein, weil sich während der Umbildung der Schale das Isotopenverhältnis ($\delta^{18}O$ und $\delta^{13}C$) ändert und es überprägt wird. Sedimentgesteine können jedoch auch hervorragende Ergebnisse liefern, die als $\delta^{18}O_{bulk}$ und $\delta^{13}C_{bulk}$ in Promille (= ‰) angegeben werden. Auch wenn die punktuellen Kurvendaten und Spitzen bei *bulk*-Proben verschoben sein sollten, der Trend zeigt sich eindeutig (Abb. 95). Wie schon erwähnt, ist auch bei den Gesteinsproben-Analysen der Kohlenstoff wesentlich stabiler gegen Einflüsse von außen.

Mehrere Effekte können die heute messbaren $\delta^{18}O_{bulk}$-Sauerstoffisotopenwerte beeinflussen: die geographische Breite (= Breiteneffekt) je nach Temperatur und Verdunstung (= Evaporation), die Höhe über dem Meeresspiegel (= Höheneffekt), die kurzfristige Variation der Temperatur sowie die langfristige Schwankung des Klimas. Auch der geographische Faktor, also die Entfernung vom Verdunstungsort zum Abregnungsareal oder Eisbildungsort (= Kontinentaleffekt), spielt eine große Rolle im Sauerstoffisotopenverhältnis.

So wird bei Erwärmung mehr Meerwasser verdampfen. Im Wasserdampf ist das ^{16}O-Isotop angereichert, da es leichter verdunstet. Im Ozean bleibt dagegen ^{18}O angereichertes Wasser zurück. Dieses Verhältnis wird von den Organismen in die Hartteile eingebaut und bildet den Meerwasser-Zustand ab. Dies gilt auch bei Organismen, die zwischen kälteren und wärmeren Meereszonen wanderten, auch sie bilden anhand der $\delta^{18}O$ die Temperaturschwankungen während der Wanderung ab. Während des Transportes der feuchten Luftmasse erfolgt Tröpfchenbildung und Niederschlag. Dabei reichert sich das leichtere Element in der Luftmasse an, da die schweren Isotope eher in der flüssigen Phase bleiben (Sharp 2007) und abregnen. Wichtige Prozesse zur Fraktionierung, Aufspaltung und Trennung von schwerem Sauerstoff ^{18}O und leichtem Sauerstoff ^{16}O sind also die Intensität der Verdunstung und der darauf folgenden Abregnung. Ferner spielt auch die Salinität, d. h. der Salzgehalt, eine bedeutende Rolle. Schließlich dürfte bei manchen Organismen während des Schalen- und Skelettaufbaus eine Fraktionierung erfolgt sein, was die Deutung der Daten schwierig erscheinen lässt.

Wie schon erwähnt, ist es kompliziert, exakte Temperaturen aus Gesteinsproben (= *bulk samples*) zu erhalten, bilden diese doch die Gesamtheit von Millionen verschiedenster abiogener und biogener Partikel ab, die aus unterschiedlichsten Meerestiefen zu Boden rieselten. Auch reagieren die Sauerstoffisotope empfindlich auf diagenetische Prozesse. Statistische Analysen (= *scatter plots*) des $\delta^{18}O/\delta^{13}C$-Verhältnisses zeigen eindeutig sehr geringe bis fehlende diagenetische Überprägung. Es hat sich herausgestellt, dass der Trend in der Temperaturentwicklung durchaus aus dem Datensatz abzulesen ist. Als Faustregel gilt: Je negativer der $\delta^{18}O$-Wert, desto höher die resultierende Temperatur (T°C).

Die Messungen wurden teils am italienischen Instituto Ambiente Marino Costiero in Neapel (IAMC–CNR, Italien) und teils am Institut für Erdwissenschaften der Universität Graz durchgeführt. Die Messungen erfolgten zu verschiedenen Zeiten durch unterschiedliche Personen, was eine objektive Kontrolle der Messergebnisse ermöglichte.

Berechnungen für Paläotemperaturdaten können durch unterschiedliche Gleichungen durchgeführt werden. Nach den Gleichungen für Mollusken von Grossman und Ku (1986), McConnaughey et al. (1997) und Goodwin et al. (2003) zeigt sich, dass eine Verschiebung im $\delta^{18}O$-Wert um lediglich 1‰ eine Temperaturverschiebung um 4,34°C nach sich zieht.

$$T\ (°C) = 20{,}6 - 4{,}34\ (\delta^{18}O_{Aragonit} - [\delta^{18}O_{Meerwasser} - 0{,}2])$$

Die obige Gleichung wurde von Lécuyer et al. (2004) an eine geeignetere Formel für Mollusken der subtropischen und tropischen Lebensräume angepasst.

$$T\ (°C) = 21{,}8 - 4{,}69\ (\delta^{18}O_{Aragonit} - [\delta^{18}O_{Meerwasser}])$$

Dabei geht man von einer Salinität (S) des Meerwassers (MW) von 35‰ (Geosecs Executive Committee 1987) in Tiefen von circa 300–500 Meter aus (Auclair et al. 2004, Watanabe et al. 2003).

$$\delta^{18}O_{Meerwasser} = -9{,}986 + 0{,}3 \times S$$

Der standardisierte Wert für die isotopische Zusammensetzung des Meerwassers in polareisfreiem Jura und Kreide wird mit $\delta^{18}O_{Meerwasser} = -1{,}0‰_{SMOW}$ angenommen (Shackleton and Kennett 1975).

Für Aragonitschalen der Ammoniten ergab sich in Lukeneder et al (2010) die Formel

$$T\ (°C) = 13{,}8 - 4{,}58\ (\delta^{18}O_{CaCO_3} - \delta^{18}O_{MW}) + 0{,}08\ (\delta^{18}O_{CaCO_3} - \delta^{18}O_{MW})^2$$

Folgende Gleichungen oder Formeln, je nach Fossilgruppe und Schalenmaterial, wurden am Puez zur Temperaturberechnung zur Anwendung gebracht. Für Austern und Inoceramen aus Kalzit nach der Mollusken-Gleichung von Epstein et al. (1953):

$$T\ (°C) = 16{,}5 - 4{,}3\ (\delta^{18}O_{CaCO_3} - \delta^{18}O_{MW}) + 0{,}14\ (\delta^{18}O_{CaCO_3} - \delta^{18}O_{MW})^2$$

Für Gesteinsproben (*bulk rock*) und Belemniten aus Kalzit nach der Mollusken-Gleichung von Anderson und Arthur (1983):

$$T\ (°C) = 16{,}0 - 4{,}14\ (\delta^{18}O_{CaCO_3} - \delta^{18}O_{MW}) + 0{,}13\ (\delta^{18}O_{CaCO_3} - \delta^{18}O_{MW})^2$$

$\delta^{18}O_{bulk}$ – Die Sauerstoff-Kurve am Puez

$\delta^{18}O_{bulk}$-Werte des Puez reichen von –0,29‰ bis –4,44‰ und erscheinen relativ erniedrigt zu diagenetisch nicht umgewandeltem marinem Kalzit (Schootbrugge et al. 2000). Dies scheint eine erhöhte Temperatur während der Diagenese oder den Einfluss von Grundwasser (= *meteoric water*, Weissert 1989) anzuzeigen.

Die $\delta^{18}O_{bulk}$-Werte unterscheiden sich merklich innerhalb des Puez Limestone Members, des mittleren Puez Redbed Members sowie des Puez Marl Members (Abb. 95). Der untere Teil (Unterhauterivium–Oberbarremium, Profile P1, P4, P7) zeigt einen leicht positiven Trend und weist konstante Schwankungen zwischen –0,49‰ bis –2,23‰ auf. Ein negativer Spitzenwert der absoluten $\delta^{18}O$-Werte von –1,87‰ auf –2,50‰ (P1/53) und zurück auf –1,37‰ (1,13% Abweichung) markiert die Position des anoxischen Faraoni Levels (Oberhauterivium). $\delta^{18}O$ zeigt einen charakteristischen negativen Trend vom Unterhauterivium mit –1,56‰, Oberhauterivium mit –1,96‰, Unterbarremium mit –2,13‰ und Oberbarremium mit –1,94‰.

Im Gegensatz dazu zeigt der obere Teil (Oberaptium–Untercenomanium, Profile P2, P3, P5, P6) stark abgesenkte, negativere Werte, die deutlich unter –2,20‰, ja auch unter –3,00‰ schwanken. In der Folge der Schichtlücke, vom späten Oberbarremium zum frühen Oberaptium, kann ein dramatischer Abfall der $\delta^{18}O$-Werte beobachtet werden. Dieser Sprung liegt am Übergang vom Puez Redbed Member in das Puez Marl Member und spiegelt eine enorme Veränderung der Umweltbedingungen auf dem Trento-Plateau dieser Zeit wider. Die $\delta^{18}O$-Durchschnittswerte bleiben konstant niedrig, vom Oberaptium mit –3,20‰, Unteralbium mit –2,72‰, Mittelalbium mit –3,07‰, Oberalbium mit –2,76‰ bis zum Untercenomanium mit –3,10‰.

Die berechnete Paläotemperaturkurve des gesamten Puez-Profiles zeigt einen konstanten Trend, beginnend vom Unterhauterivium bis zum Untercenomanium (Abb. 95). Sauerstoffisotopendaten $\delta^{18}O$ zeigen auf dem Puez einen Wechsel von kühlen über temperierte bis hin zu warmen marinen Bedingungen. Die Bandbreite der Temperatur reicht dabei von 19,04°C im untersten Teil (Unterhauterivium, Profil P1) bis zu 26,65°C im obersten Teil (Untercenomanium, Top Profil P2). Der Anstieg in diesem Zeitraum beträgt also 7,5°C, mit Paläotemperaturspitzen mit 27,67°C und 27,17°C im Oberaptium (Profile P2 und P6). Die Durchschnittstemperaturen stiegen konstant vom Unterhauterivium mit 19,03°C, Oberhauterivium mit 20,81°C, Unterbarremium mit 21,65°C und Oberbarremium mit 20,71°C. Nach einer gigantischen Schichtlücke (spätes Oberbarremium–frühes Oberaptium) beginnen die Paläotemperaturen mit einem Maximum von 27,17°C im Oberaptium. Relativ konstant hoch geht es im Unteralbium mit 24,68°C, Mittelalbium mit 26,48°C, Oberalbium mit 24,96°C und Untercenomanium mit 26,65°C weiter (Abb. 95).

Der konstante Anstieg der berechneten Paläotemperaturen am Puez in diesem Zeitabschnitt der Unterkreide bis zur untersten Oberkreide fügt sich perfekt in das globale Bild (Gradstein et al. 2012). Diese Phase der starken globalen Erwärmung im Cenomanium–Turonium wird als Kreide-Treibhaus-Klima oder auch Kreide-Thermal-Optimum (= *Cretaceous Greenhouse Climate* und *Cretaceous Thermal Maximum*) bezeichnet. Während dieser Phase der Erwärmung waren die Pole eisfrei. Noch wärmere Oberkreide-Intervalle im Turonium vor circa 90 Millionen Jahren werden auch als *Cretaceous Supergreenhouse* bezeichnet (Poulsen et al. 2003, Bornemann et al. 2008). Oberflächentemperaturen des Meerwassers konnten in diesen Phasen bis zu 35°C erreichen. Verursacht wurde dieser Temperaturanstieg durch den immensen Anstieg des Kohlenstoffdioxid-Gehaltes (CO_2) in der Atmosphäre (Barron and Washington 1985). Dieses kreidezeitliche Treibhausklima war die stärkste Erwärmung innerhalb der letzten 200 Millionen Jahre. Auslöser für den starken Anstieg an Treibhausgasen waren verstärkte Vulkantätigkeit und die Neubildung ozeanischer Kruste.

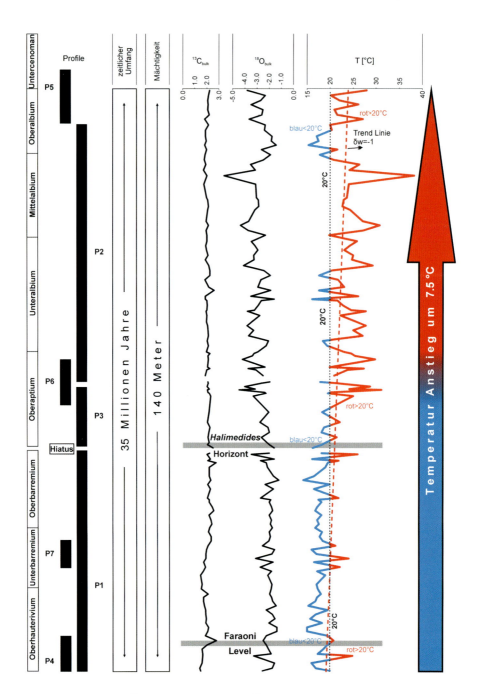

Abb. 95. Sauerstoff(δ^{18}O)- und Kohlenstoff(δ^{13}C)-Isotopenanalysen. P1–P7, Teilprofile der Puez-Formation am Puez. Der zeitliche Umfang der gesamten Schichtfolge von 140 Meter beträgt circa 35 Millionen Jahre. In dieser Zeitspanne kam es zu einem enormen Temperaturanstieg um 7,5°C.

$δ^{13}C_{bulk}$ – Die Kohlenstoff-Kurve am Puez

Der stabile Isotopenbeleg $δ^{13}C$ der Gesteinsproben (= *bulk rock samples*) zeigt die ursprünglichen Umweltbedingungen und die primären Eigenschaften des Meerwassers an. Für sogenannte positive und negative Ausreißer (= *excursions*) in der $δ^{13}C$-Kohlenstoffkurve können sowohl die Menge des angelieferten Kohlenstoffs als auch die Art des Produzenten von Bedeutung sein. So zeigen Landpflanzen ein anderes $δ^{13}C$-Verhältnis als marine Organismen. Bei gehäuftem Eintrag von organischem Material vom Festland verändert sich also das Kohlenstoffverhältnis $^{13}C/^{12}C$ im entsprechenden Sediment, was sich später im Gestein messen lässt. Durch den während der Photosynthese bevorzugten Einbau von ^{12}C in Cellulose von Algen und Pflanzen können $δ^{13}C_{bulk}$-Daten dazu verwendet werden, die marine Phytoplankton-Produktivität zu messen (Weissert 1989). Pflanzen entnehmen so während der Photosynthese der Atmosphäre den Kohlenstoff aus dem Kohlenstoffdioxid (CO_2) und fraktionieren ihn in seine Elementarteile ^{13}C und ^{12}C (Treydte et al. 2004). Größere Spitzen in den $δ^{13}C$-Kohlenstoff-Kurven zeigen zusätzlich Störungen des globalen Kohlenstoff-Zyklus an und können daher für die stratigraphische Korrelation verwendet werden (Weissert und Erba 2004). Die charakteristischen Kohlenstoff-Kurven unterschiedlicher Fundstellen können so verglichen werden. Die einzelnen Kurvenausschläge in der Erdgeschichte zeigen ein genau definiertes, weltweit gleiches Muster.

Schwankungen in den $^{13}C/^{12}C$-Werten des gesamten gelösten anorganischen Kohlenstoffs (AK) in Sedimentgesteinen, also marinen Karbonaten, dienen mit den $δ^{13}C$-Werten zur besseren Korrelation und Einstufung von Gesteinsschichten (Saltzman und Thomas 2012, http://www.sepmstrata.org 2013). Die Einordnung der erhaltenen $δ^{13}C$-Daten ist sehr komplex, da der Hauptanteil durch die Photosynthese fraktioniert, also die Verhältnisse und Häufigkeiten der Isotope durch verschiedene Prozesse (biogener, physikalischer, chemischer Art) verschoben wurden.

$δ^{13}C$-Werte können einerseits von Schalen oder Skeletten einzelner Organismen $δ^{13}C_{fossil}$ oder andererseits aus Gesteinsproben $δ^{13}C_{bulk\ rock}$ und organischem Material $δ^{13}C_{org}$ gewonnen werden (Gradstein et. al. 2012, Saltzman und Thomas 2012). Die Schwankungen im Kohlenstoff-Kreislauf der marinen Systeme sind hauptsächlich vom Ausmaß des Austausches zwischen Kohlenstoff-Reservoiren der Erdoberfläche (Kohle, Erdöl, Gas, terrestrische Vegetation, feinverteiltes organisches Material) und der Lithosphäre (= Erdkruste und Erdmantel) abhängig.

Schwankungen im Kohlenstoffgehalt und in der isotopischen Zusammensetzung werden durch unzählige komplexe Ereignisse gesteuert. Für markante positive und negative erdgeschichtliche Abweichungen (= *excursions*) werden mehrere Faktoren verantwortlich gemacht, wie erhöhte vulkanische Tätigkeit und vermehrter Eintrag von CO_2 in die Atmosphäre mit nachfolgender Erderwärmung. Als weitere Ursachen werden auch verstärkte Verwitterung auf den Kontinenten mit erhöhtem Nährstoff- und Kohlenstoffeintrag in die Ozeane, *upwelling*-Zonen (= Aufstiegszonen von nährstoffreichem Tiefenwasser), ausgedehnte anoxische (= sauerstofffreie) Meereszonen und Übersäuerung der Ozeane (Gradstein et. al. 2012, Saltzman und Thomas 2012) angenommen.

Der dafür verantwortliche Kohlenstoff-Kreislauf (C-Zyklus) der Erde ist sehr komplex. Das Leben auf der Erde wurde und wird maßgeblich vom Kohlenstoffdioxid-Gehalt (CO_2) der Atmosphäre gesteuert und beeinflusst. Dieser wiederum steuert den CO_2-Gehalt im Meerwasser, was wieder für das Leben in den Ozeanen wichtig ist. Gelöstes CO_2 in Meerwasser beinflusst natürlich auch den pH-Wert des Wassers. Steigt die CO_2-Konzentration in der Atmosphäre an, steigt auch die Aufnahme von CO_2 im Meerwasser, es kommt zu einer Übersäuerung (= *acidification*) der Ozeane und zur Beeinträchtigung der Organismen, die Kalkschalen ($CaCO_3$) aufbauen. Diese können durch den gesenkten, also sauren pH-Wert nur schwer kalkige Schalen aufbauen (= Biomineralisation, sehen Sie dazu Kalk und Mergel – Abfolge mit Sinn).

Es existieren auf der Erde gewaltige Speicher, die diesen Kohlenstoff mit seinen unterschiedlichen Isotopenverhältnissen speichern. Das Zusammenspiel dieser Kohlenstoff-Lager und deren Veränderung in der Erdgeschichte zeigt sich auch durch oben genannte Proxies und deren Verschiebungen. So können Vulkanausbrüche den CO_2-Gehalt der Atmosphäre drastisch erhöhen, sie entnehmen den Kohlenstoff der Lithosphäre, sodass im Endeffekt die Temperatur der Atmosphäre sowie der CO_2-Gehalt der Ozeane durch das aufgenommene CO_2 steigen.

Solche Abläufe in der Entwicklung der Erde trachten wir durch Isotopenuntersuchungen abzuschätzen und zu verstehen. In der Lithosphäre sind bis zu 70.000.000 Gigatonnen (= Gt), also an die 99,8% des globalen Kohlenstoffs, im Boden 2.500 Gt, in reaktiven Sedimenten an die 3.000 Gt, im Fossilpool an die 20.000 Gt, in pflanzlicher Biomasse bis zu 500 Gt, in der Atmosphäre bis zu 800 Gt, in der Hydrosphäre (Meerwasser, Polareis und Gletscher) 39.000 Gt Kohlenstoff in unterschiedlichsten Verbindungen (z. B. CO_2, $CaCO_3$, etc.) gebunden (United States Department of Energy 2010).

Zur Biosphäre zählen meist Skelette und Schalen aus organischen oder karbonatischen Bestandteilen im Umfang von circa 38.000 Gt Kohlenstoff. Die Photosynthese setzt jährlich an die 120 Gt Kohlenstoff um. Die Atmosphäre erhöht sich zur Zeit um bis zu 4 Gt Kohlenstoff im Jahr. Der Austausch von Atmosphäre zu den Ozeanen liegt bei circa 90 Gt im Jahr, wobei an die 2 Gt in die tieferen Wasserschichten wandern, indem Kohlenstoff in feste Bestandteile wie Schalen aus Karbonat eingelagert wird. An die 6 Gt Kohlenstoff wird durch den Menschen beim Verbrauch von fossilen Brennstoffen wie Kohle und Erdöl oder auch der Zementproduktion in die Atmosphäre eingebracht.

Im System umgesetzt wird der Kohlenstoff als gelöster anorganischer Kohlenstoff (= *dissolved inorganic carbon*, DIC). Kohlenstoff kommt über das CO_2 in das Meerwasser, das Meerwasser gibt ihn durch Ausgasung in die Atmosphäre ab oder fällt Kalk aus, in welchem Kohlenstoff gebunden wird. Der biogene Eintrag des Kohlenstoffs erfolgt während der „Atmung" über Photosynthese und Chemosynthese, wobei DIC verbraucht und in partikulären organischen Kohlenstoff überführt wird.

Durch Photosynthese wird im Oberflächenwasser der Ozeane ^{13}C angereichert, wobei gilt: Je höher die Primärproduktion desto höher der ^{13}C-Gehalt. ^{12}C wird dagegen bevorzugt in das Tiefenwasser transportiert. Es entsteht so eine tiefenabhängige Zonierung der Ozeane, die sich auch im $\delta^{13}C$-Wert ausdrückt. Die Verhältnisse der stabilen Isotope in den Schalen und Skeletten der jeweiligen Bewohner dieser Meeresbereiche geben uns also Hinweise auf die Produktivität und die Schichtung der Ozeane.

Die $\delta^{13}C_{bulk}$-Werte am Puez unterscheiden sich markant innerhalb der Profilabschnitte. Das Puez Limestone Member (Unterhauterivium–Oberbarremium, Profile P1, P4, P7) zeigt Schwankungen innerhalb niedriger Durchschnittswerte von +1,60‰ bis +2,28‰. Die positive Verschiebung der $\delta^{13}C$-Werte von +1,61‰ auf +2,20‰ (P1/53) und der folgende Abfall auf +1,88‰ fixieren abermals die Position des anoxischen Faraoni Levels (Oberhauterivium, Godet et al. 2006). Der positive Sprung in den $\delta^{13}C$-Werten fällt exakt auf die organisch angereicherten Schichten (TOC 5,7% in P1/56 und 7,0% in P1/54) mit den höchsten Schwefel-Gehalten (S 2,4–2,7%) des Faraoni Levels (Abb. 94).

Gegensätzlich verhält es sich im jüngeren Puez Redbed Member und Puez Marl Member (Oberaptium–Untercenomanium, Profile P2, P3, P5, P6), welche konstant höhere Werte als +2,00‰ aufweisen. $\delta^{13}C$-Werte sind im folgenden Zeitschnitt konstant (Katz et al. 2005, Gradstein et al. 2012). Am Puez treten $\delta^{13}C$-Werte, vom Oberaptium mit +2,11‰, Unteralbium mit +2,08‰, Mittelabium mit +2,06‰, Oberalbium mit +1,93‰ und im Untercenomanium mit +2,14‰ auf.

Die δ^{13}C-Kurve der Unterkreide-Schichtfolge am Puez weist einen konstant positiven Trend der Durchschnittswerte auf. Mit +1,60‰ im Unterhauterivium, +1,77‰ im Oberhauterivium, +1,95‰ im Unterbarremium und +2,26‰ im Oberbarremium. Eine charakteristische Verschiebung der δ^{13}C-Werte (Bodin et al. 2009, Godet et al. 2006, Föllmi 2012) von unter +2,00‰ zu Werten darüber zeigt sich an der Grenze vom Unterbarremium zum Oberbarremium (Abb. 95). Die δ^{13}C-Werte bleiben dann im weiteren Verlauf konstant über +2,00‰, von +2,11‰ im Oberaptium bis in das Untercenomanium mit +2,14‰.

Die gesamten δ^{13}C-Werte der *bulk-rock*-Proben des Puez liegen zwischen +1,08‰ und +2,51‰, entsprechend biogenem Kalzit, welcher unter offenmarinen Bedingungen zur Unterkreide ausgefällt wurde (Weissert et al. 1985).

Die Daten der Kohlenstoff-Isotope dokumentieren eindrucksvoll einen signifikanten Wechsel in der Dynamik des Kohlenstoff-Zyklus am Puez (Abb. 95). Eine Stagnation in der Entwicklung des marinen Systems mit gleichzeitiger Abnahme der Primärproduktion scheint wahrscheinlich. Plötzliche Schwankungen im δ^{13}C, also im Verhältnis ^{13}C zu ^{12}C, weisen auf ein instabiles globales Kohlenstoff-System vom Unterhauterivium bis zum Oberbarremium hin. Diese unstete Phase wird durch ein Interval mit ausgeglichenen Bedingungen im Albium abgelöst. Der Wechsel in der Sedimentation von kalkigen zu mergeligen Schichten wird von einer Stabilisierung der δ^{13}C-Kurve begleitet. Ozeanische Zirkulationsmuster um das Trento-Plateau wurden stabiler, und sie vereinheitlichten sich.

Paläomagnetik – Fingerabdruck des Erdmagnetfeldes

Die Paläomagnetik dient zum einen der exakten stratigraphischen Einstufung (= Altersdatierung) von Gesteinen, und zum anderen lässt sich damit die Position und Wanderroute von bestimmten Gesteinsschichten, Gebirgsblöcken, ja ganzen Kontinenten durch die gesamte Erdgeschichte bestimmen (Butler 1992, Walden et al. 1999, Evans und Heller 2003, Tauxe 2010, Kodama 2012).

Dazu bedient man sich einer relativ simplen, aber effektiven Methode. Zur Zeit der Bildung mariner Sedimente „regnen" auch feinste Partikel von Eisenmineralien wie Goethit (α–Fe^{3+}O(OH)), Magnetit (Fe^{2+}(Fe^{3+})$_2$O$_4$) und Hämatit (Fe$_2$O$_3$) auf den Meeresboden ab oder bilden sich im Sediment. Diese Eisenpartikel regeln sich sodann nach dem bestehenden Erdmagnetfeld zu den magnetischen Polen ein. Bei der Lithifizierung, also auf dem Weg vom Sediment zum Gestein, wird dabei die Richtung dieser Teilchen konserviert, „versteinert" oder „eingefroren". Man spricht hierbei von remanenter, also zurückbleibender Magnetisierung des Gesteins (Kodama 2012). Wie diese kleinen Partikel zeigt uns auch eine Kompassnadel die Richtung zu den magnetischen Polen an. Die Lage der einzelnen Schichten und Ablagerungen, die später die Gebirge und Kontinente formen, wird also zur Zeit der Entstehung konserviert. Das Prinzip gilt natürlich auch für Lavagestein. Die Erde fungiert demnach als riesiger Magnet (Tauxe 2010).

Eines der heute bekanntesten Anschauungsobjekte für paläomagnetische Muster, die so entstehen, liegt links (Westen) und rechts (Osten) der Mittelozeanischen Rücken, die den Pazifik, den Atlantik und auch den Indischen Ozeanboden durchziehen. An diesen Spreizungszonen (= *rifting zones*) dringt Magma und später Lava an die Oberfläche, bildet eine neue ozeanische Kruste und schiebt dabei, einem Laufband gleich, die Erdplatten auseinander. Bei der Verfestigung der Lava regeln sich abermals diese Eisenteilchen ein, wodurch sich die Kontinentaldrift wunderbar darstellen lässt, weil das Muster (Schwarzweiß-Abfolgen, Abb. 96 und 97) der beiden Seiten solcher Driftzonen exakt identisch ist. 2–10 Zentimeter pro Jahr kann dabei die Driftrate der einzelnen Kontinentalplatten betragen.

Abb. 96. Paläomagnetische Chrons vom Puez als „Zebrastreifen" mit schwarzen (normalen) und weißen (inversen) Intervallen.

Grundsätzlich dokumentiert die Magnetostratigraphie den geologischen Beleg von Polaritäts-Änderungen des erdgeschichtlichen Magnetfeldes. Die einzelnen Intervalle des Magnetfeldes werden in normale (schwarz) und verkehrte (= reverse, weiß) Chrons eingeteilt (Abb. 96). Als normal werden Chrons bezeichnet, die der heutigen Ausrichtung des Magnetfeldes, also magnetischer Südpol im Norden, gleichen. Die Phase eines einzelnen Chrons kann von 10.000 bis zu 10 Millionen Jahren dauern und entspricht der Zeitspanne von einer Polaritätsänderung zur nächsten (Jovane et al. 2013). Diese Polaritätsänderungen erscheinen in unregelmäßigen Abständen, aber zeitgleich und global, und sie können zur stratigraphischen Korrelation herangezogen werden, da man jedem Gestein ein „exaktes" Alter zuordnen kann. Einige hundert Male änderte sich die polare Ausrichtung im Laufe der Erdgeschichte. Der Wechsel selbst, von normal zu reversen Intervallen, dauert circa 5000 Jahre, was in geologischen Zeitspannen sehr wenig ist. Aus diesen Wechseln ergibt sich ein typisches Streifenmuster von Schwarz und Weiß, einem Zebrastreifen mit unterschiedlich dicken Strichen gleich (Abb. 96). Dieser Wechsel ist über die ganze Erdgeschichte verschieden.

Man kann seine eigenen Daten, wie in unserem Fall die Daten aus dem Puez-Projekt, mit diesen bekannten Mustern vergleichen und sie wie beim Abgleichen von Fingerabdrücken korrelieren. Dafür verwendet man Daten der Globalen-Magnetopolaritäts-Zeitskala (= *Global Magnetic Polarity Time Scale*, GMPTS, Ogg 2012).

Um diese Gesteinsdaten zu erhalten, muss man im Gelände gerichtete Gesteinsproben entnehmen und bei der Probennahme die exakte Lage und das Einfallen mit Pfeilen auf den Gesteinsstücken kennzeichnen. Später wird dann im Labor die Richtung der Eisenteilchen bestimmt und so die Magnetisierung und Richtung definiert. Dabei werden Abweichungen vom geographischen Nord (Deklination) und der Horizontalebene (Inklination), jeweils im Uhrzeigersinn, berechnet.

Allerdings hat auch diese Methode ihre Grenzen, dann nämlich, wenn das Gestein abermals erhitzt und somit die primäre, also ursprüngliche Magnetisierung überprägt wurde (Evans und Heller 2003). Dies macht sich bei der Analyse eindeutig bemerkbar, indem alle Proben ein Schwarz oder ein Weiß ergeben. Durch komplexe und aufwendige Methoden gelingt es manchmal, an die ursprüngliche Magnetisierung zu gelangen.

Wie Sie als interessierte Leser möglicherweise aus den Medien erfahren haben, stehen wir in nächster Zukunft vor einem Wechsel des Erdmagnetfelds der Erde. Zur Zeit wird das Erdmagnetfeld schon etwas schwächer, und zwar in den letzten hundert Jahren um nahezu 6%. Wann genau der Polsprung stattfinden wird, wissen wir nicht, Schätzungen sprechen aber von 3000–4000 Jahren von heute an, es passiert also nicht gleich morgen. Die letzte Umkehr des Erdmagnetfeldes fand vor 780.000 Jahren statt und wird als Brunhes-Matuyama-Umkehr bezeichnet. Der Name stammt von dem französischen Geophysiker Bernard Brunhes (1867–1910) und dem japanischen Geophysiker Motonori Matuyama (1884–1958). Bei der letzten Umkehr sprang der geophysikalisch magnetische Nordpol in den Süden zur Antarktis und der magnetische Südpol in den Norden Kanadas. Das Erdmagnetfeld liegt wie Zwiebelschalen (= Magnetosphäre) um die Erde und schützt uns vor kosmischer Strahlung und Solarwinden. Das Magnetfeld der Sonne hingegen wechselt deutlich öfter die Ausrichtung, im Schnitt alle elf Jahre.

Der magnetische Nordpol ist nicht mit dem geographischen Nordpol ident. Aus geophysikalischer Sicht liegt der magnetische Südpol zur Zeit im Norden der Erde und versteckt sich unter dem Eis der Arktis. Vor rund hundert Jahren befand er sich noch im Norden Kanadas. Er wandert zur Zeit um circa 55 Kilometer pro Jahr nach Norden. Die Polachse ist um circa 11,5° gegen die Erdachse verkippt.

Magnetostratigraphie ist aber nicht ausschließlich an diese normal-reversen (schwarz-weißen) Zonierungen gebunden. Heute beinhaltet die Magnetostratigraphie auch die verschiedenen Messungen an magnetisierbaren Mineralien, geomagnetische Parameter sowie die verschiedenen tektonischen und diagenetischen Prozesse im Zusammenhang mit Magnetismus. Auf dem Puez konnten in der paläomagnetischen Analyse Polaritäts-Chronozonen des Oberhauteriviums mit M5n (normal) und bis zur Albium-Cenomanium-Grenze mit C34n (normal) festgestellt werden (Abb. 97). Das Hauterivium zeigt die Chronozone M5 (Schichten P1/51–86), das Barremium die Chronozonen M3 und M1 (P1/87–191), das Aptium die Chronozonen M0r und C34n (P1/192–200) und das Albium ausschließlich das Superchron C34n (n = normal, r = revers, Ogg 2012).

Paläomagnetische Analysen wurden in verschiedenen Labors des National Oceanography Centre Southampton, University of Southampton (England) und am Instituto Nazionale di Geofisica e Vulcanologia (INGV) in Rom (Italien) durchgeführt.

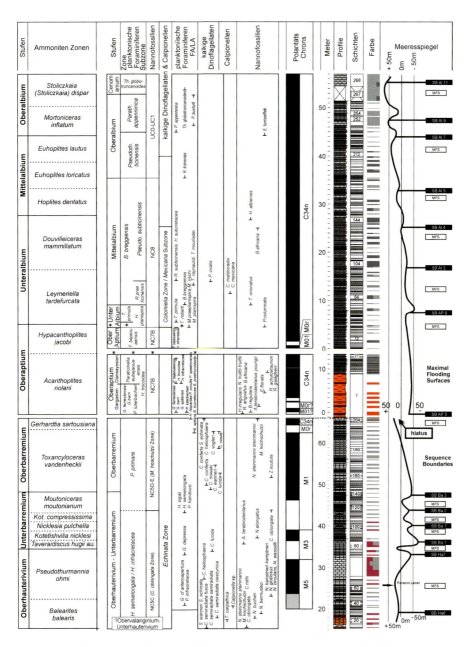

Abb. 97. Paläomagnetische Daten der Puez-Formation im stratigraphischen Kontext. Makrofossil-, Mikrofossil- und Nannofossil-Zonierung mit zeitgleicher Meeresspiegelschwankungskurve.

Magnetische Suszeptibilität – Magnetisierbare Minerale

Suszeptibilitäts-Analysen repräsentieren eine direkte Funktion des klastischen oder turbiditischen Anteils und des bestehenden Mineralienspektrums der untersuchten Probe aus Sedimentgesteinen. Die magnetische Suszeptibilität (= *magnetic susceptibility*) gibt an, in welchem Ausmaß ein Mineral magnetisiert werden kann, wenn ein externes Magnetfeld einwirkt (Dearing 1999, Walden et al. 1999). Höhere magnetische Suszeptibilitäts-Werte reflektieren höheren detritären Eintrag (= feiner Abrieb) von terrigenem Material. Terrigenes Material, wie Sand und Schlamm oder Tonminerale, entsteht bei der Verwitterung von Festlandgestein. Das feine Material wird später durch Wind und Flüsse in die Meere eingetragen. Magnetische Suszeptibilität ist also ein Indikator für das Vorhandensein von ferromagnetischen Materialien, Tonmineralien und Eisen-Anreicherungen. Die Suszeptibilität hängt von der Häufigkeit des eingebrachten Materials, der Stärke der Magnetisierung (meist sehr gering = *low-field magnetism*), den Bestandteilen des Materials und der Form der einzelnen Partikel ab.

Es gibt für die Messungen zwei unterschiedliche Herangehensweisen. Man kann schon im Gelände erste Daten mit kleinen Handgeräten (= *Handheld Magnetic Susceptibility Meter*, 10^{-3} SI units, Abb. 98) direkt an den Schichten messen (ungenau) oder aber Proben entnehmen und diese im Labor (*KLY-4 Kappabridge*, 10^{-8} SI units) untersuchen lassen (exakt). Die Methode im Gelände gibt Aufschlüsse über Trends, die in der Abfolge der Gesteine auftreten, wohingegen die Labormethoden die Trends und zusätzlich auch die exakteren Werte liefern.

Magnetische Schwachfeld(= *low-field*)-Suszeptibilität (massespezifisch, χ) misst die Menge der magnetischen Minerale als Summe der ferromagnetischen und paramagnetischen Minerale (Jovane et al. 2013). Im marinen Bereich repräsentiert die magnetische Suszeptibilität normalerweise eine direkte Funktion des terrigenen Anteils im Meeresbecken (Jovane et al. 2004). Allerdings kann auch eine magnetische Komponente auftreten, welche durch biogene Produktion entstanden ist, aber einen unterschiedlichen magnetischen Wert aufweist (Jovane et al. 2012).

Magnetische Schwachfeld-Suszeptibilität wird nach Gewicht genormt (χ = für Gewicht, k = für Volumen) und sagt aus, wie viel Magnetisierung (m) ein Material beibehält, wenn man ein magnetisches Feld (H) angelegt hat (Jovane et al. 2013, Dearing 1999). Einheiten werden nach dem SI (*Le Système International d'Unités*) eingeteilt. Nach Volumen genormt (k), ist die volumenspezifische Suszeptibilität aber dimensionslos, wogegen sie bei

Abb. 98. Handgerät (= *Handheld Magnetic Susceptibility Meter*) zur Messung der magnetischen Suszeptibilität direkt an den Gesteinsschichten im Gelände.

massespezifischer magnetischer Suszeptibilität (χ) nach Gewicht genormt ist und als $1m^3\,kg^{-1}$ angegeben wird.

Magnetische Suszeptibilität ist ein komplexer Parameter, der die Summe der magnetischen Mineralien – der ferromagnetischen *sensu lato* (= im weiteren Sinne) wie Magnetit, der antiferrimagnetischen wie Hämatit und Goethit – und der nicht-magnetischen Materialien – wie paramagnetische Silikate und Tonmineralien – sowie der diamagnetischen Quarze und Karbonate festlegt (Walden et al. 1999, Kodama 2012). Die Resultate der Schwachfeld-Suszeptibilität müssen mit Vorsicht analysiert werden, da die Magnetisierungsprozesse mannigfaltig und komplex sein können.

Es zeigt sich wieder ein zweigeteiltes Bild in den Suszeptibilitäts-Werten auf dem Puez (Abb. 99). Das kalkigere Puez Limestone Member (Unterhauterivium–Oberbarremium, Profile P1, P4, P7) zeigt hohe Werte von $58,43$–$412,92 \times 10^{-6}$ SI an. Die erhöhten Werte deuten auf die magnetisierbaren Eisenpartikel in den roten Sedimentgesteinen (maximaler Wert $1007,0 \times 10^{-6}$ SI) der Rosso Ammonitico Puezzese Fazies (Lukeneder 2011) und dem rötlichen, untersten Teil der Puez-Formation (frühes Oberhauterivium, Lukeneder 2010) hin.

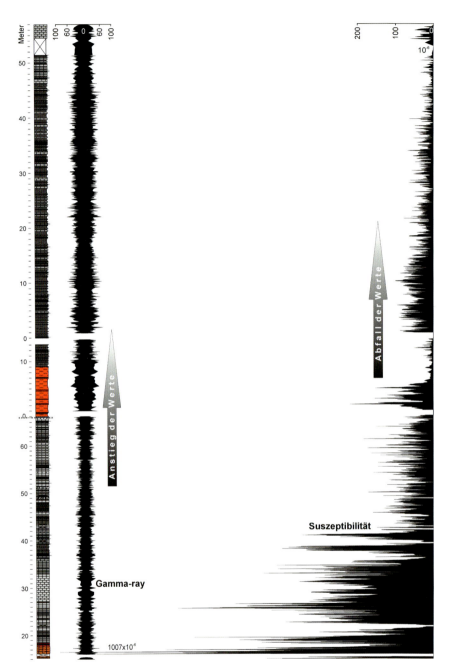

Abb. 99. Deutlich ist in der rechten Suszeptibilitäts-Kurve der Puez-Formation der drastische Abfall der Werte zu beobachten. Maximalwerte von bis zu $1007{,}0 \times 10^{-6}$ in den rötlichen Schichten der Basis stehen sehr geringen Werten bis nahezu $0{,}0 \times 10^{-6}$ in den obersten Teilen gegenüber. Die Gamma-ray-Kurve zeigt deutlich erhöhte Werte im mergeligeren Puez Marl Member, links.

Die Werte im oberen Teil, dem Puez Marl Member (Oberaptium–Untercenomanium, Profile P2, P3, P5, P6), sind mit 6,46–54,04 × 10^{-6} SI deutlich niedriger. Höhere Werte treten nur noch im rötlichen Puez Redbed Member (Profil P3) mit bis zu 223,0 × 10^{-6} SI auf.

Folglich zeigt also der einschneidende Abfall der Suszeptibilitätswerte nach der Schichtlücke vom Oberbarremium–Oberaptium an der Grenze von Puez Redbed Member zum Puez Marl Member einen enormen Wechsel der Paläoumweltbedingungen an. Eine Eintiefung des Trento-Plateaus zu dieser Zeit bis hin zum Cenomanium erscheint dabei am plausibelsten. Der Zeitabschnitt des Aptium–Albium am Puez ist durch eine Karbonat-Produktionskrise gekennzeichnet. Eine Klimaänderung, hin zu humideren (= feuchteren) Bedingungen, führte zu vermehrtem Eintrag terrestrischer Partikel und so zur Bildung mergeliger Gesteine.

Gammastrahlung – Natürliche Hintergrundstrahlung

Messungen der elektromagnetischen Gammastrahlung (γ, *gamma-ray*) zeigen die radioaktive Hintergrundstrahlung der Gesteine, die eine direkte Funktion ihres Tonmineral-Anteils widerspiegelt. Zunehmende Radioaktivität zeigt also einen erhöhten Tonanteil im Gestein an. Gammadaten wurden mit einem Handgerät, dem Gammastrahlungsscintillometer (= *Standard Gamma-ray Scintillometer, Compact Gamma Surveyor*, Abb. 100), direkt im Gelände gemessen. Die Einheit ist dabei in cps (= *counts per second*) angegeben (Molnár 2004, Gilmore 2008).

Gammastrahlung ist eine elektromagnetische Hintergrundstrahlung, die nahezu jedes natürliche Gestein aussendet. Gammastrahlung entsteht beim natürlichen radioaktiven Zerfall. Wir nehmen uns diesen schwachen, aber messbaren Zerfall zu Hilfe, um Gesteine und Gesteinsabfolgen besser charakterisieren zu können. Verschiedene Gesteine strahlen unterschiedliche Mengen von Gammastrahlen aus. So strahlen tonreiche Gesteine mit einem hohen Anteil an den Tonmineralen Kaolinit und Illit stärker als reine Kalke oder Dolomit. Vereinfacht gilt also, vermehrt Regen an Land ist gleichbedeutend mit einem vermehrten Eintrag von Schlamm und Tonmineralien in die Ozeane, wo der Anteil im Sediment steigt und die Strahlungswerte dann erhöht sind. In Sedimentgesteinen sind die Zerfallsreihen von Potassium (= Kalium), Thorium und Uranium für die Gammastrahlung verantwortlich. Am häufigsten ist der Zerfall des ^{40}K-Isotopes messbar.

Abb. 100. Messung der Gamma-Hintergrundstrahlung direkt an den Gesteinsschichten im Gelände mittels eines Handgerätes (= *Handheld Standard Gamma-ray Scintillometer*).

Die Messungen in sogenannten *gamma logs* (= Aufzeichnungen zu den Daten) bilden schlagkräftige Werkzeuge für die Interpretation der Stratigraphie (= Schichtfolge) und deren zeitliche Einordnung. Ferner können Umweltfaktoren und das Klima zur Zeit der Entstehung von Schichten innerhalb eines Aufschlusses abgeschätzt werden.

Ein Wechsel von aridem Klima (= trocken) in ein humid-tropisches Klima (= feucht und warm) führt zur Anreicherung von Verwitterungsprodukten in Meeressedimenten. Regen wäscht die feinen Partikel in die Flachwasserzonen der Meere, von wo sie durch Strömungen oder Sedimenttransport in größere Tiefen umgelagert werden können. Die dadurch messbare Gammastrahlung und der Anteil an magnetisierbaren Mineralien steigt im Ablagerungsgebiet an.

Unterschiede in den Strahlungswerten zeigen sich, wie in den anderen Daten zuvor, auch zwischen den kalkigeren und den mergeligeren Profilen am Puez. Das Puez Limestone Member (Unterhauterivium–Oberbarremium, Profile P1, P4, P7) zeigt Durchschnittswerte von 9,69–12,67 cps, wie sie typisch für mergelige Kalke aus der Unterkreide sind (Abb. 99). Die mergeligeren Bereiche des Puez Marl Members (Oberaptium–Untercenomanium, Profile P2, P3, P5, P6) weisen erhöhte Werte von 11,72–17,89 cps in Mergeln und teilweise Werte bis zu 32,0 cps auf. Deutlich lässt sich erkennen, dass höhere Strahlungswerte einen höheren Anteil an Tonmineralien anzeigen.

Computertomographie – Blick ins Innere von Fossilien

Die Computertomographie (CT) bedient sich der Durchdringung von Materialien durch elektromagnetische Strahlung. Dabei werden diese Strahlen durch verschiedene Materialien unterschiedlich stark absorbiert. Sie kennen dieses Phänomen wahrscheinlich aus der Medizin von Röntgenbildern. Bei der Computertomographie handelt es sich um eine bildgebende Anwendung innerhalb der Radiologie. Leistungsstarke Computer errechnen dann aus tausenden digitalen Ebenen 3D-Modelle, die aus jeder nur erdenklichen Richtung begutachtet und am PC geschnitten werden können. Der dichte Knochen wirkt auf dem Bild weiß gegen das umgebende weichere Gewebe wie Muskeln, Körperfett oder Luft. Dichte Materialien wie Knochen absorbieren die Röntgenstrahlung stärker, schwächen die durchdringende Strahlung und erscheinen daher hell auf den entwickelten Bildern.

Diesen Effekt machen wir uns auch in der Paläontologie zunutze. Anwendung fand die Computertomographie bei fossilem Material zum Beispiel an Dinosauriern, Echsen, Vögeln, Fischen, Säugetieren, Mollusken, Brachiopoden, Pflanzen, Algen sowie Acritarchen und Protisten (Literatur in Lukeneder 2012b). Dichte Materialien wie Eisenverbindungen, die Fossilien oft überziehen oder ersetzen, können so wieder sichtbar gemacht werden, ohne das Gestein oder Fossil zu zerstören. Gesund ist das zwar nicht, den Fossilien ist das aber egal, und wir stehen außerhalb der hermetisch abgeriegelten CT-Räume. Computergenerierte 3D-Berechnungen mittels dreidimensionaler Pixel (= *Voxel*) erlauben eine detailgetreue Nachbildung des Materials und dessen interner Strukturen. Der Computer errechnet hierbei die gesamten Daten der Röntgenstrahlen (= *X-ray*), die aus mehreren Richtungen durch das Objekt geschossen wurden.

Computertomographie wird in der Paläontologie verwendet, um 3D-Visualisierungen und geometrisches Modellieren zu ermöglichen. Zumeist werden dabei aber lediglich Knochen und luftgefüllte Fossilien benützt, um den Kontrast möglichst hoch zu halten. Computertomographie schafft es, winzigste Unterschiede in Materialien und in kleinsten Abständen im Mikrometer-Bereich (= µm, tausendstel Millimeter, 0,001 mm, 10^{-6} Meter) oder darunter sichtbar zu machen. Die räumliche Auflösung

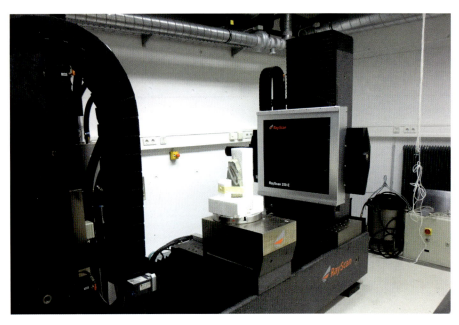

Abb. 101. Computertomograph an der Universität für angewandte Wissenschaften, FH OÖ, in Wels. Das Gerät ist ein industrieller 2-Quellen-3D-Computertomograph (*RayScan 250 E*), ausgestattet mit einem 225 kV Mikrofokus und einer 450 kV Minifokus-X-ray-Röhre sowie einem 2048×2048-Pixel-Flachbett-Detektor (= *cone beam reconstruction*).

wird dabei durch eine breite Anwendung von Computer-Software zur Aufbereitung der Daten optimiert.

Wir haben auf dem Puez mehrfach Versuche durchgeführt, Fossilien zu durchleuchten, meist aber mit geringem Erfolg. Die Ursache ist so trivial wie ärgerlich. Die Ammoniten auf dem Puez sind als Steinkerne erhalten, sie bestehen also aus dem Material, das sie ausfüllt und einbettet. Die Dichte ist gleich, und somit kann die Computertomographie nur einen grauen Schleier abbilden, ohne Details aus dem Inneren der Ammoniten preiszugeben. Die Computertomographie der untersuchten Ammoniten wurde innerhalb des Projektes an der Universität für angewandte Wissenschaften Oberösterreich in Wels durchgeführt (Abb. 101). Die gewonnenen Daten bestehen aus den volumetrischen Pixeln, den sogenannten *3D-Voxeln*, deren Größe das Minimum der Nachweisbarkeit festlegen. Für jedes Fossil wird die optimale Einstellung neu festgelegt, um ein optimales Ergebnis zu kreieren (Lukeneder 2012b, Lukeneder et al. 2012a, Lukeneder et al. 2014).

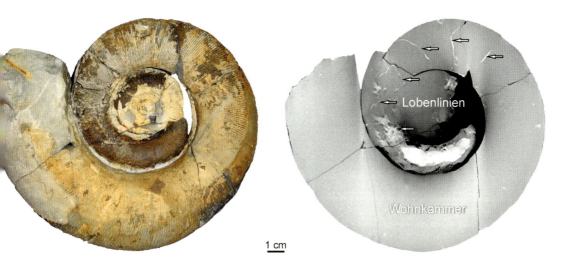

Abb. 102. Mit Limonit überzogener Ammonit *Lytoceras subfimbriatum*, links. Deutlich sind im CT-Schnitt durch diesen Ammoniten die limonitischen Lobenlinien im Inneren zu erkennen, rechts.

Die gleiche Dichte des Sediments und des Ammoniten macht es also unmöglich, etwas durch die CT-Analyse erkennen zu können. Auch wenn manche Ammoniten mit sekundärem Kalzit ($CaCO_3$) gefüllt oder die Schale durch diesen ersetzt wurde, ist kein Unterschied zum umschließenden Kalk ($CaCO_3$) zu erkennen. Das liegt ebenso an der sehr ähnlichen Dichte dieser beiden Karbonate. Der sekundäre Kalzit weist eine Dichte von 2,6–2,8 g/cm^3 auf, während das Sediment im und um den Ammoniten eine fast identische Dichte von 2,8 g/cm^3 besitzt.

In äußerst seltenen Ausnahmefällen spielt uns jedoch eine besondere Erhaltung einen Trumpf in die Hand. Bestimmte Teile oder gesamte Ammoniten, aber auch fossiles Holz des Puez bestehen aus Pyrit (= Schwefelkies) oder sind mit Limonit (= Brauneisenerz) überzogen (Abb. 102). Es handelt sich dabei um Eisen-Sulfide (Pyrit und Markasit, FeS_2) oder hydratisierte Eisenoxide (Limonit, $FeO(OH) \times nH_2O$). Limonit kennt man auch als Rost beim Zerfall von Eisen. Die Ausgangsstufe für den häufigeren Limonitüberzug bildete primär Pyrit, der durch schwefelreduzierende Bakterien beim Abbau organischer Weichteile in sauerstoffarmen (= dysoxisch) oder sauerstofffreien (= anoxisch) schlammigen Meeresböden entstand. Wichtig ist dabei auch der pH-Wert des Milieus, ist dieser < 4 bildet sich Markasit, ist er > 6 entsteht Pyrit. Es müssen also unterschiedliche Bedingungen erfüllt sein, um Pyrit zu erhalten: Schwefel (= *sulphur*, S) in Form von Sulfat (SO_4^{2-}) muss vorhanden sein, ferner müssen metabolisierbare organische Substanz (C_{org}), reaktives Eisen (Fe) und Sulfat(SO_4^{2-})-reduzierende oder Schwefelwasserstoff(H_2S)-reduzierende Bakterien anwesend sein.

$$18CH_2O + 9SO_4^{2-} \rightarrow 9H_2S + 18HCO_3^-$$

Formaldehyd plus Sulfat → Schwefelwasserstoff plus Hydrogenkarbonat-Ion
es folgt

$$6FeOOH + 9H_2S \rightarrow 6FeS + 3S + 12H_2O$$

Eisenoxid plus Schwefelwasserstoff → Eisenmonoxid plus elementarer Schwefel plus Wasser
daraus bildet sich

$$FeS + S \rightarrow FeS_2$$

Eisenmonoxid plus elementarer Schwefel → Pyrit
oder aber über Umwege

$$3FeS + S \rightarrow Fe_3S_4$$

Eisenmonoxid plus elementarer Schwefel → Greigit

$$Fe_3S_4 + 2S \rightarrow 3FeS_2$$

Greigit plus elementarer Schwefel → Pyrit

Bei Komprimierung des Sediments kommt es oftmals zur Vergrößerung der Pyritkristalle und zum Ersatz von Organismenresten. Kommt dieser Pyrit später wieder mit Porenwässern und Sauerstoff in Kontakt, geschieht das, was wir alle aus dem Garten oder vom Auto kennen, es rostet uns unter den Fingern zu Limonit weg.
Solche Eisenverbindungen sind aber zu unserem Glück dichter als das umgebende Gestein und können so durch Computertomographie nachgewie-

Abb. 103. Der Holotyp der neuen Art *Dissimilites intermedius* mit Limonitüberzug. Der Gesteinsblock ist 3–4 cm dick. Die feinen Stacheln des Ammoniten wären für eine mechanische Präparation zu fein und zu instabil.

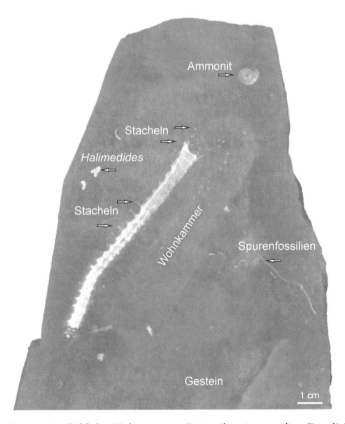

Abb. 104. Summationsbild des Holotyps von *Dissimilites intermedius*. Deutlich sind die feinen Stacheln, verschiedene Spurenfossilien und ein von außen nicht sichtbarer Ammonit erkennbar. Berechnung des Bildes aus 1342 einzelnen Computertomographie-Ebenen.

sen und abgebildet werden (Abb. 101). Die Dichte dieser Eisensulfide liegt dabei bei 4,8–5,0 g/cm^3 (Pyrit und Markasit) und bei Eisenoxid 2,7–4,3 g/cm^3 (Limonit). Daher konnten dichte Strukturen wie Rippen, Suturlinien (= Lobenlinien) und Stacheln erstmals an Ammoniten der Unterkreide nachgewiesen werden, ohne das Fossil zu zerstören (Abb. 103 und 104). Es handelt sich dabei um den heteromorphen Ammoniten *Dissimilites intermedius*, einer erstmals vom Puez beschriebenen neuen Art (Lukeneder 2012b, Lukeneder und Lukeneder 2014). Morphologische Eigenheiten konnten exakt vermessen und später digital 3D-modelliert werden. So konnte ein 128 Millionen Jahre altes Fossil exakt rekonstruiert und digital in einem 3D-Clip von *7reasons* animiert werden (Abb. 105). Bei anderen limonitischen Ammoniten des Puez konnten die Lobenlinien, an denen sich die Kammerscheidewände und die externe Schale von Ammoniten berühren, erstmals sichtbar gemacht werden. Bei CT-Aufnahmen tauchten mitten in Gesteinsblöcken neue, von außen nicht sichtbare Ammoniten wie aus dem Nichts auf. Diese Entdeckungen wären ohne die Methodik der Computertomographie für immer im Verborgenen geblieben.

UNTERKREIDE – UMWELT UND FAZIES DER DOLOMITEN

Die komplexe Paläogeographie im Jura und der Kreide der westlichen Tethys (mediterraner Raum) wurde durch die Präsenz von Mikroplatten charakterisiert (Fourcade et al. 1993). Die Platten lagen inmitten des tethyalen Ozean-Korridors zwischen den afrikanischen und europäischen Landmassen. In Übereinstimmung mit unzähligen Autoren (Dercourt et al. 1993, Cecca 1998, Zharkov et al. 1998, Stampfli und Mosar 1999, Scotese 2001, Stampfli et al. 2002) war die Region der Südalpen und somit auch die untersuchte Abfolge des Puez an der nördlichen Grenze des Apulischen Blocks (= Adriatische Platte) gelegen (Abb. 26). Während des Juras und der Unterkreide stellte diese Grenze einen passiven kontinentalen Rand (Jud 1994) des Südalpen-Apennin-Blocks dar (Lukeneder 2010). Diese großtektonische Einheit war im Norden durch den Penninischen Ozean (= Alpine Tethys) und im Südosten durch den Vardar-Ozean begrenzt (Dercourt et al. 1993, Stampfli und Mosar 1999, Scotese 2001, Stampfli et al. 2002).

Abb. 105. 3D-Rekonstruktion der neuen Ammonitenart *Dissimilites intermedius* nach Lukeneder (2012b).

Die Entwicklung der marinen Organismengruppen auf der südalpinen Mikroplatte und dem südeuropäischen Schelf wurde durch den zunehmenden Zerfall der Karbonatplattformen während der Unterkreide beeinflusst. Die pelagischen Anteile, also Einflüsse des tieferen Wassers, nahmen auch in Bereichen ehemaliger Riff- und Flachwasser-Gebiete zu. Eine erhöhte Ausbreitung des Ozeanbodens (= *sea floor spreading*) fand im Jura der Neotethys statt (Stampfli und Mosar 1999, Scotese 2001, Stampfli et al. 2002). Der zentrale Atlantik, der westlich angrenzende Ligurische Ozean, und der neu entstandene Penninische Ozean öffneten sich während des frühen Mitteljuras (Cecca et al. 1992, Fourcade et al. 1993, Castellarin 2006, Muttoni et al. 2005, 2013). Durch diese tektonischen Ereignisse war die Region um den Puez zu jener Zeit auf einem submarinen Plateau, dem Puez-Gardenaccia-Plateau, auf dem nördlichsten Teil des Trento-Plateaus innerhalb der heutigen Dolomiten gelegen. Die Geschichte dieser Hebung geht weit in die Trias zurück, reicht über den Jura und endet mit Sedimentgesteinen der unteren und mittleren Kreide (Weissert 1981, Bosellini 1998).

Eine Neuorganisation der mediterranen Paläogeographie fand am Übergang vom Jura zur Kreide statt (Cecca et al. 1992, Dercourt et al. 1993, Fourcade et al. 1993, Caracuel et al. 1998). Auf den Plateaus und in Becken des späten Jura zur frühen Kreide fand eine inhomogene Sedimentation der Rosso Ammonitico- und Maiolica-Biancone-Gesteine statt. Morphologische Hochflächen (= submarine Plateaus) wie das Trento-Plateau (Grandesso 1977, Massari 1981, Dercourt et al. 1993, Stock 1994, Baudin et al. 1997), während der frühen Unterkreide in pelagischen Bereichen gelegen, waren durch eine kondensierte Sedimentation von typischem Rosso Ammonitico Fazies charakterisiert (Cecca et al. 1992, Martire 1992, 1996, Fourcade et al. 1993, Krobicki 1993, Zempolich 1993, Martire et al. 2006). Nach Caracuel et al. (1997, 1998) wurde die Ablagerung solch roter knolliger Kalke durch eine Kombination aus primärer Produktivität und hydrodynamischen Prozessen beeinflusst. Die Unterschiede in der Wasserenergie, wie Strömung und Wellengang, und die daraus resultierenden Gesteinsvarianten spiegeln die Schwankungen des relativen Meeresspiegels wider. Die berühmten Rosso Ammonitico-Brüche des Veneto dienten und dienen noch heute als Liefergebiet für Dekorsteine zur Herstellung von Fußböden, Hausfassaden und Brunnen.

Tiefere hemipelagische und pelagische Meeresböden sind durch einheitliche, weiche, unverfestigte Schlammböden während der Sedimentation charakterisiert. So entstand das Sediment der Puez-Formation vom Puez und anderer vergleichbarer mediterraner Lokalitäten der Unterkreide. Ein Wechsel der Paläogeographie und somit der Strömungsmuster (Weissert 1979, 1981) resultierte in einem neuen Plankton-Boom im Tithonium–Valanginium (Abb. 6). Dies führte zur Ablagerung einheitlicher weißlicher, fein mikritischer Kalke der Maiolica-Biancone-Formationen, welche als Calpionellen-Globochaeten Mudstones vom Apennin bis zu den Dolomiten des Trento-Plateaus im Norden vorherrschten. Mudstones sind Karbonatgesteine, die weniger als 10% Körner aufweisen und sonst kalkschlammgestützt sind (= *matrix-supported*, Dunham 1962).

Die folgende Sedimentation der Unterkreide im Norden des Trento-Plateaus war um einiges differenzierter. Dieser Teil zeigt die anhaltende Sedimentation mit Maiolica- und Biancone-Formation im Rest der Südalpen wie dem Trento-Plateau und den Lessinischen Bergen (Stock 1994). Auf diese Formationen folgen die Gesteine der Puez-Formation mit dem Puez

Limestone Member, in welchem *Nannoconus* Wackestones dominieren. Wackestones sind Karbonatgesteine, die einen Anteil von Körnern größer als 10% aufweisen, sonst aber kalkschlammgestützt sind (= *matrix-supported*, Dunham 1962). Nannoconiden dominieren während des Valanginiums, Hauteriviums und Barremiums des Puez Limestone Members, während die Quantität der Calpionelliden innerhalb der Mikroplankton-Vergesellschaftungen im Obervalanginium zurückging.

Das Puez Redbed Member des mittleren bis oberen Aptiums (P3/1aa-1h) am Puez ist durch einen abrupten Wechsel der Lithologie gekennzeichnet. Dies spiegelt den Umbruch in der Paläoumwelt und den Milieus von *Nannoconus*-dominierten Mudstones hin zu Foraminiferen Packstones wider, der mit einer weitverbreiteten Krise der Nannoconiden im unteren Aptium einhergehen. Diese Nannofossil-Krise (Coccioni et al. 1992, Cecca et al 1995, Barrera und Johnson 1999, Bralower et al. 1999, Premoli-Silva und Sliter 1999, Luciani et al. 2001, Sano 2003) manifestiert sich im sogenannten Selli Level (Landra et al. 2000, Erba 2004, Méhay et al. 2009, Tejada et al. 2009). Packstones sind Karbonatgesteine, die korngestützt (= *grain-supported*) sind und einen geringen Anteil von Kalkschlamm aufweisen. Die unterschiedliche Lithologie des Puez Redbed Members zum unterliegenden und überlagernden Gestein wurde durch die Hebung des Trento-Plateau-Blocks dieser Zeit erzwungen. Dieser Fazieswechsel kann einem mesozoischen Oceanic Anoxic Event (OAE), im Aptium als OAE1a bezeichnet, zugeordnet werden. Diese OAEs waren Events mit extremen Sauerstoffabfällen im Ozean, gekennzeichnet durch meist schwarze, laminierte Gesteinsschichten, die angereichert an organischem Material sind. Wie auch schon für die Breggia-Schlucht (= *Breggia Gorge*) im Lombardischen Becken der Schweiz gezeigt, befindet sich am Top der Maiolica-Formation ein Hartgrund (= *hardground*) und in der Folge ein Hiatus vom Oberbarremium bis Oberaptium (IAS 2004, Bernoulli 2007). Diese Situation konnte auch am Puez als *Halimedides*-Horizont vorgefunden werden (Lukeneder et al. 2012b). Auch die zeitliche Lücke taucht hier wieder auf, was das Fehlen der typischen Schwarzschiefer (= *black shales*) des OAE1a-Selli Levels erklärt. Dieser plötzliche Wechsel am Ende des Barremiums mit anschließendem Hiatus und den damit einhergehenden Spurenfossil-Horizonten mit *Halimedides*, *Rhizocorallium* und *Zoophycos* wurde neben der Breggia-Schlucht auch im Vocontischen Trog Südfrankreichs festgestellt (Gaillard und Olivero 2009). Die Schichten des Puez Marl Members im Albium (Schichten P2/1–268) zeigen einen steigenden terrigenen Eintrag, der durch häufige dunkle Mergel-Schichten und das

Auftreten von fossilen Hölzern gekennzeichnet ist. Dieser ansteigende terrigene Eintrag von Tonmineralien wird durch die Verwitterung der ersten Inselgruppen, die durch die alpine Tektonik entstanden sind, ausgelöst (Bosellini 1998). Zwischengeschaltete Kalkstein-Bänke bestehen in Teilen aus Radiolarien- und Foraminiferen-Schlämmen (= *oozes*). Solche *oozes* beinhalten mehr als 30% von biogenen Bestandteilen, meist Mikrofossilien. Diese Entwicklung reflektiert den unterschiedlichen Nährstoffeintrag der vorherrschenden Meeresströmungen im Albium. Eine zusätzliche Eintiefung des nördlichen Trento-Plateaus im Albium zeigt sich durch die Zunahme von Radiolarien-Schlämmen, die sich durch Akkumulation von Milliarden winziger Lebewesen in zahlreichen Schichten des Puez Marl Members bildeten.

GELÄNDEARBEIT – KOLLEGEN UND GRABUNGSTEAM

Die Arbeit im Gelände wurde erst durch die Unterstützung und Mitwirkung vieler nationaler und internationaler Kollegen und Freunde möglich. Die Arbeit im Naturpark Puez-Geisler bedurfte Genehmigungen der Landesregierung Südtirols, damals vertreten durch Landesrat Michl Laimer in Bozen. Zuständige Personen in den ersten Jahren seitens der Puez-Geisler-Naturpark-Verwaltung waren Artur Kammerer, Valentin Schroffenegger und Astrid Wiedenhofer (alle Amt für Naturparke Südtirol, Abteilung Natur, Landschaft und Raumentwicklung). Benno Baumgarten, Evelyn Kustatscher und Vito Zingerle, alle drei vom Naturmuseum Südtirol in Bozen, sind Berater und Gutachter der entsprechenden Ämter für Grabungsansuchen in Südtirol. Christian Aspmair sammelte für das Naturmuseum in Bozen hunderte Ammoniten auf und bildete so die Grundlage für alle weiteren Arbeiten am Puez.
Das wissenschaftliche Team (in Klammern die Institutionen und Aufgabenbereiche der Kolleg/Innen innerhalb des Projektes) bestand in alphabetischer Reihenfolge aus Achim Bechtel (Montan-Universität Leoben, Geowissenschaften und Geophysik, Österreich; Geochemie), James S. Crampton (GNS Science in Lower Hutt and Victoria University in Wellington, Neuseeland; Muscheln), Luigi Jovane (Instituto Oceanográfico, Universidade de São Paulo, Praça do Oceanográfico, São Paulo, Brasilien;

Paläomagnetik), Howard Falcon-Lang (University of London, Department of Earth Sciences, England; fossile Hölzer), Fabio Florindo (Instituto Nazionale di Geofisica e Vulcanologia, INGV, Rom, Italien; Paläomagnetik), Christian Gaillard (Université Claude-Bernard, Laboratoire de Géologie de Lyon, Frankreich; Spurenfossilien), Martino Giorgioni (ETH Zentrum, Zürich, Schweiz und Australian National University, Research School of Earth Sciences, Canberra, Australien; Isotope), Reinhard Gratzer (Abteilung für angewandte Geowissenschaften und Geophysik, Universität Leoben, Österreich; Geochemie fossiler Hölzer), Patrick Grunert (Universität Graz, Institut für Erdwissenschaften, Graz, Österreich; Foraminiferen und Paläoökologie), Christian Gusenbauer (University of Applied Sciences, FH Oberösterreich, Mess- und Prüftechnik; Computertomographie), Eva Halásová (Comenius University, Faculty of Natural Sciences, Department of Geology and Palaeontology, Bratislava, Slowakei; Nannofossilien), Frédéric Hatert (University of Liège, Laboratory of Mineralogy, Liège, Belgien; Erzmikroskopie), Nico M. M. Janssen (Nationaal Natuurhistorisch Museum, Leiden; Holland, Belemniten), Štefan Józsa (Comenius University, Faculty of Natural Sciences, Department of Geology and Palaeontology, Bratislava, Slowakei; Mikrofossilien), Uwe Kolitsch (Naturhistorisches Museum Wien, Mineralogische Abteilung, Österreich; Mineralogie der Erze), Andreas Kroh (Naturhistorisches Museum Wien, Geologisch-Paläontologische Abteilung, Österreich; Seeigel), Evelyn Kustatscher (Naturmuseum Südtirol, Bozen, Italien; fossile Pflanzen), Davide Olivero (Université Claude-Bernard, Laboratoire de Géologie de Lyon, Frankreich; Spurenfossilien), Edwin Pak (Institut für Kernphysik, Wien, Österreich; Schwefelisotope), Daniela Reháková (Comenius University, Faculty of Natural Sciences, Department of Geology and Palaeontology, Bratislava, Slowakei; Mikrofossilien), Reinhard F. Sachsenhofer (Abteilung für angewandte Geowissenschaften und Geophysik, Universität Leoben, Österreich; Geochemie fossiler Hölzer), Jairo Savian (Universidade de São Paulo, Departamento de Geofísica, Instituto de Astronomia, Geofísica e Ciências Atmosféricas, São Paulo, Brasilien; Paläomagnetik), Simon

Abb. 106. Folgende Doppelseite: Der harte Kern des Puezteams war mit mir am Puez auf Ausgrabung. Johannes Bouchal, Anton Englert, Martino Giorgioni, Mathias Harzhauser, Luigi Jovane, Andreas Kroh, Susanne Lukeneder, Martin Maslo und Simon Schneider.

Schneider (CASP, Cambridge, England; Muscheln), Ján Soták (Geological Institute, Slovak Academy of Sciences, Banská Bystrica, Slowakei; Foraminiferen), Mario Sprovieri (Università di Palermo, Italien; Isotopen), Alfred Uchman (Institute of Geological Sciences, Jagiellonian University, Polen; Spurenfossilien), Helmut Weissert (ETH Zentrum, Zürich, Schweiz; Beratung bei Isotopen und Paläoozeanographie).

Nicht alle Kolleginnen und Kollegen waren persönlich auf dem Puez bei den Grabungen dabei.

Auf den Berg gelockt und im Gelände bei den Grabungen geschunden habe ich folgende Mitglieder des Teams: Anton Englert (zweimal), Martino Giorgioni (einmal), Mathias Harzhauser (einmal), Luigi Jovane (einmal), Andreas Kroh (einmal), Susanne Lukeneder (zweimal), Simon Schneider (einmal) – und am häufigsten Martin Maslo (fünfmal). Sie alle haben zum Gelingen des Projektes beigetragen (Abb. 106). Durch ihren körperlichen Einsatz und ihre Inspiration konnten erst die bestmöglichen Ergebnisse erzielt werden.

Die Grabungskampagnen wurden meist mit einfachsten Werkzeugen wie Brechstangen, Spitzhacken (auf gut österreichisch Krampen), Meißeln und Hämmern durchgeführt. Die Aufenthalte waren ja keine Urlaube, es war vielmehr härteste Arbeit unter erschwerten Bedingungen. Mühsame und gefährliche Aufstiege, dünne Luft, abwechselnd Kälte oder Hitze, Schneestürme, gefährliche Gewitter, extreme Sonneneinstrahlung, schwerste Rucksäcke und ganztägiges Hämmern standen auf dem Programm.

Einen Dolomiten-Film drehte ich mit meinem Regisseur und Kameramann „*Tarantino reloaded*" alias Johannes Martin Bouchal mit technischer Unterstützung von Martin Maslo im Sommer 2011. 3D-Animations-Clips von schwimmenden Ammoniten, deren Lebensräumen und urzeitlichen Raubfischen wurden von Michael Klein (7Reasons GmbH) erstellt.

DIE DOLOMITEN-AUSSTELLUNG – WISSENSCHAFT UND MUSEUM

Nach langer Vorbereitung zu einer Ausstellung um das UNESCO-Weltnaturebe der Dolomiten, war es im September 2011 endlich so weit. Eine Ausstellung meiner Arbeit auf dem Puez wurde im Saal 50 des Naturhistorischen Museums in Wien eröffnet (Abb. 107). Die Ausstellung entstand seitens National Geographic in Zusammenarbeit mit der Südtirol Marketing Gesellschaft (SMG), Trentino Marketing sowie Dolomiti Turismo (Belluno). Im Beisein des damaligen italienischen Botschafters in Wien Eugenio d'Auria, des Chefredakteurs von National Geographic Deutschland Erwin Brunner und hunderter Gäste wurden rund 50 Bilder des Südtiroler Fotografen Georg Tappeiner präsentiert. Die Bilder von Georg Tappeiner – ein Tappeiner-Bild des Puez-Gebietes habe ich auch selbst zu Hause – sind ein großartiges und bewegendes Plädoyer, diese Berge zu schätzen und zu schützen – ganz im Sinne der zeitgemäßen Mission der National Geographic Society *„Inspiring people to care about the planet"* (© National Geographic). In solchem Rahmen konnte ich meine wissenschaftliche Arbeit und erste Ergebnisse vorstellen.

Erwin Brunner, selbst gebürtiger Südtiroler, erzählte mir, dass die Dolomiten-Auflage von National Geographic sogar die Dinosaurier-Auflage im Verkauf schlug. Sie sehen also, welche Magie und Faszination die Dolomiten ausüben. Es scheint aber auch logisch: Wer kennt nicht Bilder oder Filme aus den Dolomiten? Aber wer von Ihnen hat schon einmal einen Dinosaurier gefunden? Eben!

Die Ausstellung trug den Titel „Dolomiten – Das steinerne Herz der Welt". Auch mein Dolomiten-Film lief permanent auf einem Bildschirm in der Ausstellung (sehen Sie dazu das Kapitel Der Dolomiten-Film – Dreh im Schnee).

Ziel der Ausstellung war es, die Schönheit und Faszination der Dolomiten mit der Wissenschaft zu verbinden. Ich hatte zu diesem Zweck an die 60 Fossilien, Präparationswerkzeug, Messgeräte, viele Bilder, Grafiken und unzählige Texte zur Verfügung gestellt (Abb. 107). Unter anderem wurden auch Geräte zur Messung der Suszeptibilität und der Gammastrahlung, wie sie nicht jeden Tag zu sehen sind, vorgestellt. Die Besucher waren begeistert und ich war zufrieden, konnte ich doch bei unzähligen Führungen und Vorträgen in der Ausstellung der breiten Öffentlichkeit meine Arbeit in den Dolomiten näher bringen. Ich nahm also die Gelegenheit wahr und nutzte die Lockwirkung, die der Name National Geographic auf Öffentlichkeit und Medien zu haben scheint, um auch meine Wissenschaft in den Fokus zu rücken.

Abb. 107. Folgende Doppelseite: Impressionen der Dolomiten-Ausstellung 2011 am Naturhistorischen Museum in Wien, gemeinsam mit National Geographic.

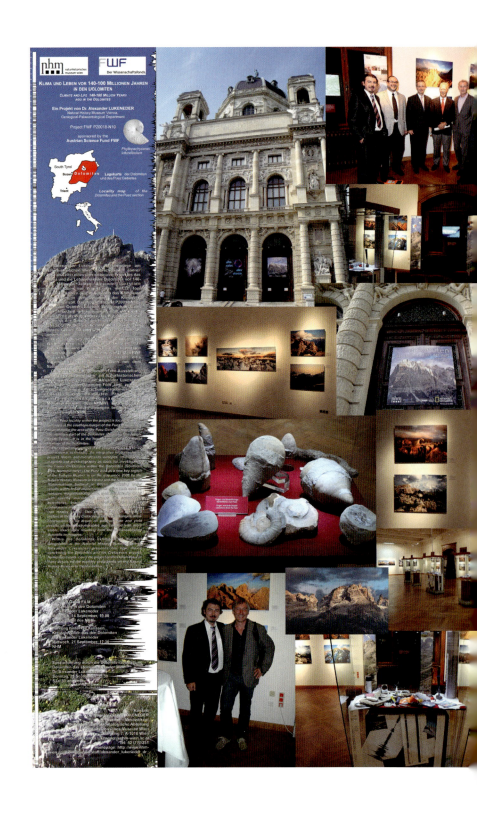

20. Juli 2008

DER DOLOMITEN-FILM – DREH IM SCHNEE

In Johannes M. Bouchal, ebenfalls Paläontologe und leidenschaftlicher Filmemacher, hatte ich einen geeigneten und motivierten Kameramann für meinen Dolomiten-Film gefunden. Wir drehten mit technischer Unterstützung von Martin Maslo, der auch als Nebendarsteller fungierte, im Sommer 2011. Der Aufstieg im Juli 2011 fand noch bei strahlend schönem Wetter statt (Abb. 108). Aber schon am 20. Juli gab es auf dem Puez einen Wintereinbruch mit einem halben Meter Neuschnee. Als ich am Morgen dieses Tages aufwachte und aus dem Fenster blickte, bekam ich fast eine Herzattacke. Hatten wir doch zu diesem Zeitpunkt nur wenige Einstellungen und Sequenzen der Gesteine und Schichten abgedreht. Man konnte jetzt aber ob der Schneemassen und des schlechten Wetters nichts mehr davon sehen.

Was mir anfangs als wissenschaftliche und filmische Katastrophe erschien, stellte sich später als Segen für die Dreharbeiten und das Bildmaterial heraus. Konnten wir doch zeigen, dass es eben nicht immer *super-toll* im

20. Juli 2011

Hochgebirge ist (Abb. 109). Auch im Hochsommer kann man nahezu alle Wetterlagen geboten bekommen, man sollte also dafür ausgerüstet sein. Wir drehten sicher an die 40 Stunden Rohmaterial und wählten am Ende 45 Minuten aus. Beim Dreh gab es striktes Audio-Aufzeichnungs-Verbot, will heißen, ob der widrigen Witterungsumstände war nicht jedes gesprochene Wort jugendfrei und sendereif. Der fertige Film wurde nach wochenlanger Schneidearbeit ebenfalls während der Ausstellung 2011 präsentiert. Mit dem Film ging ich nicht nur auf Vortragsreise in verschiedene wissenschaftliche Institutionen und Schulen, sondern konnte auch in unzähligen Vorführungen am Naturhistorischen Museum in Wien die Besucherinnen und Besucher von der Schönheit der Dolomiten und meiner Leidenschaft für das Puez-Gebiet überzeugen.

Abb. 108. Oben: Gleiches Datum, andres Wetter. Herrliches Wetter am 20. Juli 2008 und mieses Wetter beim Filmdreh am 20. Juli 2011.

Abb. 109. Folgende Doppelseite: Impressionen zum Filmdreh im Sommer 2011, gemeinsam mit Johannes M. Bouchal und Martin Maslo.

MEDIEN – DAS PROJEKT IN DER PRESSE

Für ein finanziertes Projekt ist es natürlich neben der wissenschaftlichen Komponente auch wichtig, in der Öffentlichkeit und in den Medien präsent zu sein, will man doch auch dem breiten Publikum vermitteln, was man als Wissenschaftler so alles im stillen Kämmerlein macht. Wir schafften es mit dem Projekt auch tatsächlich in alle nennenswerten nationalen und internationalen Print- und *online*-Medien (Print: Daily Mail, The Times of India, Dolomiten Tagblatt, Focus, Standard, Kurier, Die Presse, Kronen Zeitung, Kleine Zeitung, Heute, Hallo Oberösterreich, Steyrer Rundschau, Salzburger Nachrichten, Tips, etc.; *online*: Daily Mail, ORF Science, Standard, KroneTV, Focus, FWF Der Wissenschaftsfonds etc.; Abb. 110). Dabei ist es gar nicht so einfach, wenn es nicht gerade um Dinosaurier geht, Wissenschaftsredakteure für die Paläontologie zu begeistern. Ich half mir mit dem Zugpferd Dolomiten und spannte diese fantastischen Berge vor den medialen Karren.

Damit hatten am Ende alle was davon, ich selbst, die Redakteure und Medien, aber natürlich auch die interessierten Leserinnen und Leser. Manche der Zeitungsartikel oder *online*-Berichte haben Sie ja möglicherweise selbst gelesen oder zumindest überflogen. An die 50 Printartikel und rund 100 *online*-Berichte waren die Ausbeute des Dolomiten-Projektes (Abb. 110). Bei Interesse an diesen Berichten geben Sie dazu in *google* den Namen Lukeneder, Dolomiten, Kreide oder Ähnliches ein. Besonders gefreut haben mich dabei nicht alltägliche Artikel in der englischen Daily Mail (*Discovered: The 128 million-year-old grandfather of the modern squid and octopus*), der indischen The Times of India (*128 million-year-old ancestor of squids, octopus found*) und im deutschen Focus (*Als die Dolomiten noch unter dem Meer lagen*).

Abb. 110. Vorhergehende Doppelseite: Limitierte Zusammenstellung einiger Medienberichte zum Dolomiten-Projekt.

ERGEBNISSE UND AUSBLICK – DA KOMMT NOCH WAS

Meine Geschichte am Puez dauert nun also schon zehn Jahre. Die eigentliche Forschung mit meinem nationalen und internationalen Team reicht an die fünf Jahre zurück. Über 30 Wissenschaftler haben sich mir – auf mein intensives Drängen hin – angeschlossen. Möglich machte die Arbeit auf dem Puez aber erst die finanzielle Unterstützung des Österreichischen Wissenschaftsfonds FWF (Fonds zur Förderung wissenschaftlicher Forschung). Eine neue Formation konnte für die bis dahin ungenügend beschriebenen Gesteine auf dem Puez definiert und ein Stratotyp festgelegt werden.

Der erste Schritt war eine lithologische Beschreibung mit der Formalisierung und Errichtung der Puez-Formation in einem Typprofil durch Schicht-für-Schicht-Festlegung mit exakten GPS-Daten. Eine detaillierte Aufnahme sowie die geochemische und fotografische Dokumentation gingen dabei mit einer umfangreichen Fossilbergung einher. In allen bisherigen Publikationen wurden die Fossilien lediglich aus Schuttfunden (= *rock fall*) beschrieben.

Die Puez-Formation teilt sich in das Puez Limestone Member, das Puez Redbed Member sowie das jüngste Puez Marl Member. Die Puez-Formation umfasst an die 130 Meter mächtige Gesteinsschichten von Mergeln, mergeligen Kalken bis hin zu reinen Kalken. Die Typlokalität mit dem Typprofil zur Puez-Formation und deren Membern liegt auf dem südlichen steilen Abhang des Col de Puez (2725 Meter), auf dem Puez-Gardenaccia-Plateau (Abb. 111).

Die Ablagerung der Unterkreide-Sedimente (Obervalanginium bis Untercenomanium) der Puez-Abfolge spielte sich vor rund 137–97 Millionen Jahren auf dem nördlichsten Bereich eines submarinen Plateaus, dem Nord-Süd gerichteten Trento-Plateau ab. Alle paläontologischen, geochemischen und geophysikalischen Daten dieser marinen Abfolge zeigen eine Eintiefung dieses Meeresbereiches über die gesamte Zeit der Sedimentation. Es konnte erstmals der gesamte stratigraphische Umfang aufgenommen werden, wodurch sich neue Altersangaben ergeben haben. Es zeigt sich, dass der Umfang wesentlich länger ist als ursprünglich angenommen. Die gesamte Bildungsdauer der unterkretazischen Sedimentgesteine am Puez entspricht circa 35–40 Millionen Jahren.

Die Makrofauna der Puez-Abfolge, und hier speziell des Puez Limestone Members, ist hauptsächlich von Ammoniten repräsentiert. Weiters finden wir am Puez Makrofossilien wie Belemniten, Echiniden, Bivalven und Brachiopoden. Das Puez Redbed Member und das Puez Marl Member sind nahezu makrofossilfrei. Wohin die größeren Lebewesen wie Ammoniten und Belemniten in dieser Phase (Aptium–Cenomanium) auf dem Trento-Plateau verschwunden sind, ist noch ein ungelöstes Rätsel. Wahrscheinlich steht dies im Zusammenhang mit der drastischen Eintiefung des Nordteils des Trento-Plateaus, auf dem auch das Puez-Gebiet liegt. Im Kontrast dazu blüht jedoch zeitgleich das Mikroplankton auf. Die Foraminiferen und Radiolarien treten dabei massenhaft auf und erleben vom Aptium bis Cenomanium eine wahre Blütezeit.

Unzählige Wissenschaftsmethoden der Geochemie und Geophysik sowie Isotopenanalysen an Kohlenstoff ($\delta^{13}C$) und Sauerstoff ($\delta^{18}O$) und der Paläomagnetik konnten zusammen mit der paläontologischen Bearbeitung Licht in die Umweltbedingungen zur Zeit der Unterkreide in den Südalpen werfen. Sauerstoffisotopenanalysen konnten einen enormen Temperaturanstieg von 7,5°C vom Unterhauterivium bis zum Untercenomanium zeigen, mit Paläotemperaturspitzen von bis zu 27,67°C des Meerwassers.

Alle Faunenelemente und Florenelemente sind erstmals zur Gänze in diesem Projekt bearbeitet worden. Die Ammoniten-Standard-Zonierung konnte durch den Beleg von Index-Ammoniten festgelegt werden. Beispiele dafür sind die Ammoniten aus dem Oberauterivium wie *Crioceratites krenkeli* und *Pseudothurmannia picteti*. Aus dem Unterbarremium und Oberbarremium sind *Moutoniceras moutonianum*, *Toxancyloceras vandenheckii* und *Gerhardtia sartousiana* für die entsprechenden Ammonitenzonen und -Subzonen charakteristisch. Es konnte auch eine neue Ammoniten-Art erstmals vom Puez beschrieben werden: *Dissimilites intermedius* war ein bestachelter, heteromorpher Ammonit des Barremiums. Es gelang mit neuesten digitalen Methoden und Computertomographie, dieses urtümliche Tier wieder zum Leben zu erwecken und in einer 3D-Animation vor den Augen der Wissenschaft, aber auch einer breiten Öffentlichkeit schwimmen zu lassen.

Die neue Seeigel-Gattung *Absurdaster* konnte erstmals vom Puez mit der neuen Art *Absurdaster puezensis* während des Projektes entdeckt und beschrieben werden.

Auch unter den Kammmuscheln sind mit *Parvamussium pizpuezense* und *Parvamussium mordsdrum* zwei neue Arten zum ersten Mal beschrieben worden.

Erstmals konnten auf dem Puez zwei Leithorizonte nachgewiesen und festgelegt werden. Das anoxische Faraoni Level im Oberhauterivium: Ein

Horizont mit organisch angereicherten Ablagerungen zeigt die charakteristischen Anstiege im organischen Kohlenstoff (TOC) mit bis zu 7,0% und einen parallelen Anstieg des Schwefelgehaltes (TS) auf +2,7%. Eine positive Verschiebung in den Kohlenstoffisotopenwerten von $\delta^{13}C$ +1,61‰ auf +2,20‰ (P1/53) und zurück auf +1,88‰ fixieren abermals die Position des Faraoni Levels.

Der *Halimedides*-Horizont, ein Spurenfossilhorizont mit *Halimedides*, *Spongeliomorpha* und *Zoophycos* im Oberbarremium, markiert das Ende der kalkigen Entwicklung am Puez. Der *Halimedides*-Horizont bildet die Untergrenze einer erstmals am Puez beschriebenen gewaltigen Sedimentationslücke von bis zu fünf Millionen Jahren aus dem mittleren Oberbarremium–Oberaptium.

Die Entdeckung einer Lage mit Jaspis-Knollen und des daran gebundenen Kupfererzes war ebenso neu wie überraschend. Es handelt sich dabei um SiO_2-Knollen mit einem schwarzen Kern aus Kupfersulfid Cu_xS_x.

Ein erstmals beschriebenes Stück eines fossilen Baumstammes der Gattung *Agathoxylon* gibt Aufschlüsse zum Klima und der Verdriftungsgeschichte in der Unterkreide des Puez-Gebietes. Das fossile Holz aus dem Albium vor circa 105 Millionen Jahren wurde als Konifere aus der Familie der Araucariaceae identifiziert. Die Bohrgänge im Holz enthalten eine Vielzahl von Kotpillen bohrender Organismen wie jener der Hornmilben, die den Stamm befallen hatten. Bevor der *Agathoxylon*-Stamm eingebettet wurde, driftete er eine unbestimmte Zeit auf die offene See und wurde ein weiteres Mal von Organismen befallen. Diesmal von Vertretern der Schiffsbohrwürmer Teredinidae.

Eine Besonderheit stellt der Bewuchs von Ammoniten des Puez dar. Sie werden teilweise von Einzelkorallen der Gattung *Fungiacyathus* besiedelt. Über einen sehr langen Zeitraum der Unterkreide vom Unterhauterivium bis Oberbarremium, was einer Zeitspanne von circa fünf Millionen Jahren entspricht, existiert diese bemerkenswerte Beziehung. Sie ist bis heute ausschließlich aus Unterkreide-Gesteinen des Puez bekannt.

Viele unentdeckte Fossilien, neue Arten und ungelöste Geheimnisse liegen noch in den Schichten des Puez. Wie es mit der Forschung in diesem Gebiet weitergeht, liegt nicht zuletzt in Händen der dort verantwortlichen Personen. Ich würde mir wünschen, dass eine gute wissenschaftliche Zusammenarbeit auch weiter möglich ist, und ich freue mich schon auf meinen nächsten Besuch (Abb. 112), ob als Wissenschaftler oder Tourist, am Col de Puez, in meinen Dolomiten.

DANKSAGUNG

Ich möchte mich an dieser Stelle bei allen Kollegen, Freunden und Unterstützern des Projektes und im Speziellen des Buches bedanken. Dieses Buchprojekt wurde mit finanziellen Mitteln aus dem Ermann-Fonds des Naturhistorischen Museums Wien unterstützt. Gedruckt mit Unterstützung der Dr. Emil Suess-Erbschaft bei der Österreichischen Akademie der Wissenschaften. Ich danke Herrn TR KR Franz Bamberger für die finanzielle Unterstützung. Für die finanzielle Unterstützung des ursprünglichen Dolomiten-Projektes danke ich dem Österreichischen Wissenschaftsfonds FWF. Ich danke meiner Verlegerin Dr. Maria Seifert und ihrem Team für ihre Geduld und für das in mich gesetzte Vertrauen. Herrn Joseph Koó danke ich für seine Flexibilität beim Layouten des Buches. Alice Schumacher sei für die Erstellung von Fotografien bedankt. Anton Englert danke ich für seinen unermüdlichen Einsatz im Gelände und bei der Erstellung hunderter Dünnschliffe. Franz Topka sei für die Präparation hunderter, oft unansehnlicher Puez-Fossilien gedankt. Ich bedanke mich bei der Generaldirektion des NHM, bei Generaldirektor Univ.-Prof. Dr. Christian Köberl und bei Vizedirektor HR Dr. Herbert Kritscher für die Unterstützung, die zum Entstehen des Buches führte.
Besonderer Dank gebührt allen Wissenschaftskolleginnen und -kollegen, die namentlich im Buch genannt wurden. Ausdrücklich aber möchte ich mich bei meinem Team-Puez, das mit mir am Berg gearbeitet hat, bedanken: Anton Englert, Dr. Martino Giorgioni, Doz. Dr. Mathias Harzhauser, Dr. Luigi Jovane, Dr. Andreas Kroh, Dr. Susanne Lukeneder, Mag. Martin Malso und Dr. Simon Schneider waren mutig genug, um mich in das Hochgebirge zu begleiten. Mag. Johannes Martin Bouchal sei für seine inspirierende filmische Arbeit bedankt. Michael Klein (7reasons) danke ich für die Erstellung unzähliger Animationen von Ammoniten und kreidezeitlichen Lebensräumen. Für die Unterstützung beim Vitrinenaufbau, bei grafischen und textlichen Arbeiten und der Organisation der Dolomiten-Ausstellung danke ich Dr. Reinhard Golebiowski, Ing. Walter Hamp, Kriemhild Repp, Michael Reynier, Josef Muhsil-Schamall und Dr. Herbert Summesberger. Für wertvolle Ratschläge zum Subtitel danke ich Mag. Brigitta Schmid. Für die Überlassung einiger Fotos bedanke ich mich bei Anton Englert, Dr. Susanne Lukeneder, Mag. Martin Maslo und Dr. Simon Schneider.
Spezieller Dank gebührt den Verantwortlichen der Landesregierung Süd-

tirol in Bozen. Den zuständigen Personen der Puez-Geisler-Naturpark-Verwaltung Dr. Artur Kammerer, Dr. Valentin Schroffenegger und Dr. Astrid Wiedenhofer danke ich herzlich für ihre Unterstützung. Dr. Benno Baumgarten, Dr. Evelyn Kustatscher und Dr. Vito Zingerle vom Naturmuseum Südtirol in Bozen seien für die Hilfe in bürokratischen Dingen bedankt. Ich danke Dr. Christian Aspmair, der durch seine Sammeltätigkeit die Basis für alle weiteren Arbeiten schuf. Bei Dr. Paulina Moroder vom Museum Gherdëina in St. Ulrich bedanke ich mich für die Leihgabe zur Bearbeitung von Ammoniten- und Seeigel-Material des Puez-Gebietes. Besonders herzlichen Dank möchte ich meinen Freunden in Südtirol auf der Puez-Hütte, Oskar, Gemma, Freddy, Hubert und Herbert sowie Alma und Emanuel in der Pensione Camoscio in La Villa/Stern aussprechen. Sie alle haben mich während meiner Südtirol-Reisen herzlich aufgenommen, mich in allem unterstützt und mir immer ein Zimmer verschafft. Oskar, der leider 2010 tragisch unweit seiner Puez-Hütte am Berg ums Leben kam, war immer der gute Geist unserer Expeditionen.

Ich danke auch meiner Familie Justine und Umberto Uprimny, Anna Lukeneder und Franz Leblhuber für die Unterstützung innerhalb der letzten zehn Dolomiten-Jahre.

Abb. 111. Vorhergehende Doppelseite: Das bunte Leben am Puez mit seinen Pflanzen und Tieren.

BILDNACHWEIS

Alle Abbildungen, sofern nicht anders angegeben, stammen von
Dr. Alexander Lukeneder, Naturhistorisches Museum in Wien (NHMW).

LITERATURZITATE

Alvarez W. 2009. The historical record in the Scaglia limestone at Gubbio: magnetic reversals and the Cretaceous-Tertiary mass extinction. *Sedimentology* 56, 137–148.

Alvarez L.W., Alvarez W., Asaro F. und Michel H.V. 1980. Extraterrestrial Cause for the Cretaceous-Tertiary Extinction. *Science* 208 (4448), 1095–1108.

Anderson T.F. und Arthur M.A 1983. Stable isotopes of oxygen and carbon and their application to sedimentologic and paleoenvironmental problems. In Arthur M.A. (ed.). Stable isotopes in sedimentary geology. *SEPM Short Course* 10, 111–151.

Arthur M.A., Hagerty S., Dean W.E., Claypool G.E., Dawes T., McManaman D., Meyers P.A. und Dunham K. 1986. A geochemical note: comparison of techniques for obtaining $CaCO_3$, organic carbon and total nitrogen in limestones and shales, In Rad U. von und Wise S.W. (eds). *Initial Reports of the DSDP* 93, 1263–1268.

Auclair A.-C., Lecuyer C., Bucher, H. und Sheppard S.M.F. 2004. Carbon and oxygen isotope composition of *Nautilus macromphalus*: a record of thermocline waters off New Caledonia. *Chemical Geology* 207 91–100.

Avanzini M. und Wachtler M. 1999. Dolomiten. Reisen in die Urzeit. *Verlagsanstalt Athesia Ges.m.b.H.*, Bozen, pp.150.

Baccelle L. und Lucchi-Garavello A. 1967a. Prima segnalazione di Ammoniti Aptiane e Albiane nelle Dolomiti. *Annali dell'Università di Ferrara* 4/7, 91–101.

Baccelle L. und Lucchi-Garavello A. 1967b. Ammonite dei livelli Cretacici di La Stua (Cortina d'Ampezzo). *Annali dell'Università di Ferrara, Nuova Serie* 4/9, 117–166.

Barrera E. und Johnson C.C. eds. 1999. Evolution of the Cretaceous oceanic-climate system. *The Geological Society of America, Special Paper* 332, pp. 445.

Barrier E. und Vrielynck, B. 2008. Paleotectonic maps of the Middle

East. Middle East Basins Evolution Programme, *CCGM-CGMW*, Paris.

Barron E.J. und Washington W.M. 1985. Warm Cretaceous climates: High atmospheric CO_2 as a plausible mechanism. In Sundquist E.T. und Broecker, W.S. (eds). The carbon cycle and atmospheric CO_2: Natural variations. Archean to present. *American Geophysical Union Geophysical Monograph* 32, 546–553.

Baudin F. 2005. A Late Hauterivian short-lived anoxic event in the Mediterranean Tethys: the "Faraoni Event". *Comptes Rendus Geosciences* 337, 1532–1540.

Baudin F., Bulot L.G., Cecca F., Coccioni R., Gardin .S. und Renard, M. 1999. Un équivalent du "Niveau Faraoni" dans le bassin du Sud-Est de la France, indice possible d'un événement anoxique fini-hauterivien étendu à la Téthys méditerranéenne. *Bulletin de la Société Géologique de France* 170, 487–498.

Baudin F., Cecca F., Galeotti S. und Coccioni R. 2002. Palaeoenvironmental controls of the distribution of organic matter within a Corg-rich marker bed (Faraoni Level, uppermost Hauterivian, central Italy). *Eclogae Geologicae Helvetiae* 95, 1–13

Baudin F., Faraoni P., Marini A. und Pallini G. 1997. Organic matter characterisation of the "Faraoni Level" from Northern Italy (Lessini Mountains and Trento-Plateau): comparison with that from Umbria Marche Apennines. *Palaeopelagos* 7, 41–51.

Bellanca A., Erba E., Neri R., Premoli Silva I., Sprovieri M., Tremolada F. und Verga D. 2002. Palaeoceanographic significance of the Tethyan "Livello Selli" (early Aptian) from the Hybla-Formation, northwestern Sicily: biostratigraphy and high-resolution chemostratigraphic records. *Palaeogeography, Palaeoclimatology, Palaeoecology* 185, 175–196.

Bernoulli D., Caron C., Homewood P., Kälin O. Van Stujivenberg J. 1979. Evolution of continental margins in the Alps. *Schweizerische Mineralogische und Petrographische Mitteilungen* 59, 165–170.

Bernoulli, D. 2007. The pre-Alpine geodynamic evolution of the Southern Alps: a short summary. *Bulletin für angewandte Geologie*, 12(1), 3–10.

Berra F., Delfrati L. und Ponton M. 2005. Carta Geologica d'Italia 1:50.000 – Catalogo delle formazioni. In Cita M.B., Abbate E., Aldighieri B., Balini M., Conti M.A., Falorni P., Germani D., Groppelli G., Manetti P. und Petti F.M. (eds.). Quaderni serie III, Volume 7, Fascicolo VI. *Agenzia per la Protezione dell'Ambiente e per i Servizi*

Tecnici. Commissione Italiana di Stratigrafia, 63–72.

Bersezio R., Erba E., Gorza M. und Riva A. 2002. Berriasian-Aptian black shales of the Maiolica-Formation (Lombardian Basin, southern Alps, northern Italy): local to global events. *Palaeogeography, Palaeoclimatology, Palaeoecology* 180, 253–275.

Bodin S., Godet A., Föllmi K.B., Vermeulen J., Arnaud H., Strasser A., Fiet N. und Adatte T. 2006. The late Hauterivian Faraoni oceanic anoxic event in the western Tethys: Evidence from phosphorous burial rates. *Palaeogeography, Palaeoclimatology, Palaeoecology* 235, 245–264.

Bodin S., Fiet N., Godet A., Matera V., Westermann S., Clément A., Janssen N.M.M., Stille P. und Föllmi K.B. 2009. Early Cretaceous (late Berriasian to early Aptian) palaeoceanographic change along the northwestern Tethyan margin (Vocontian Trough, southeastern France): $\delta^{13}C$, $\delta^{18}O$ and Sr-isotope belemnite and whole-rock records. *Cretaceous Research* 30, 1247–1262.

Bodin S., Godet A., Matera V., Steinmann P., Vermeulen J., Gardin. S., Adatte T., Coccioni R. und Föllmi K.B. 2007. Enrichment of redox-sensitive trace metals (U, V, Mo, As) associated with the late Hauterivian Faraoni oceanic anoxic event. *International Journal of Earth Sciences* 96, 237–341.

Bornemann A., Norris R.D., Friedrich O., Beckmann B., Schouten S., Sinninghe Damsté J.S., Vogel J., Hofmann P. und Wagner T. 2008. Isotopic Evidence for Glaciation During the Cretaceous Supergreenhouse. *Science* 319 (5860), 189–192.

Bosellini A. 1998. Die Geologie der Dolomiten. *Verlagsanstalt Athesia*, Bozen/Bolzano, pp. 192.

Bosellini A., Masetti D. und Sarti M. 1981. A Jurassic "Tongue of the Ocean" infilled with oolitic sands: The Belluno Trough, Venetian, Alps, Italy. *Marine Geology* 44, 59–95.

Bosellini A., Gianolla, P. und Stefani M. 2003. Geology of the Dolomites. *Episodes* 26/3, 181–185.

Bralower T.J., CoBabe E., Clement B., Sliter W.V. Osburn C.L. und Longoria J. 1999. The record of global change in Mid-Cretaceous (Barremian–Albian) sections from the Sierra Madre, northeastern Mexico. *The Journal of Foraminiferal Research* 29/4, 418–437.

Buatois L.A. und Mángano M.G. 2011. Ichnology, Organism-Substrate Interactions in Space and Time. *Cambridge University Press*, Cambridge, pp. 358.

Busnardo R., Charollais J., Weidmann M. und Clavel B. 2003. Le Crétacé inférieur de la Veveyse de Châtel (Ultrahelvétique des Préalpes externes; canton de Fribourg, Suisse). *Revue de Paléobiologie* 22, 1–174.

Butler R.F. 1992. Paleomagnetism: Magnetic Domains to Geologic Terranes, Boston. *Blackwell Scientific Publication*, pp. 319.

Caracuel J., Oloriz F. und Sart C. 1997. Environmental evolution during the Late Jurassic at Lavarone (Trento-Plateau, Italy). *Palaeogeography, Palaeoclimatology, Palaeoecology* 135, 163–177.

Caracuel J., Oloriz F. und Sarti C. 1998. Updated biostratigraphy of the Kimmeridgian and Lower Tithonian at Lavaraone (Trento-Plateau). Correlation for epioceanic western Tethys. *Geologica et Palaeontologica* 32, 235–251.

Castellarin A., Vai G.B. und Cantelli L. 2006. The Alpine evolution of the Southern Alps around the Guidicarie faults: A Late Cretaceous to Early Eocene transfer Zone. *Tectonophysics* 414, 203–223.

Cecca F. 1998. Early Cretaceous (pre-Aptian) ammonites of the Mediterranean Tethys: palaeoecology and palaeobiography. *Palaeogeography, Palaeoclimatology, Palaeoecology* 138, 305–323.

Cecca F., Fourcade E. und Azema J. 1992. The disappearance of the "Ammonitico-Rosso". *Palaeogeography, Palaeoclimatology, Palaeoecology* 99, 55–70.

Cecca F., Marini A., Pallini G., Baudin F. und Begouen V. 1994a. A guide level of the uppermost (Lower Cretaceous) in the pelagic succession of Umbria-Marche Apennines (Central Italy): the Faraoni Level. *Rivista Italiana di Paleontologia e Stratigrafia* 99/4, 551–568.

Cecca F., Pallini G., Erba E., Premoli-Silva I. und Coccioni R. 1994b. Hauterivian-Berremian chronostratigraphy based on ammonites, nannofossils, planktonic foraminifera and magnetic chrons from the Mediterranean domain. *Cretaceous Research* 15, 457–467.

Cecca F., Faraoni P., Marini A. und Pallini G. 1995. Field-trip across the representative sections for the Upper Hauterivian-Barremian ammonite biostratigraphy in the Maiolica exposed at Monte nerone, Monte Petrano and Monte Catria (Umbria–Marche Apennines). *Memorie descrizione della Carta Geologiche d'Italia* 51, 187–211.

Cecca F., Gáleotti S., Coccioni R. und Erba E. 1996. The equivalent of the "Faraoni Level" (Uppermost Hauterivian, Lower Cretaceous) recorded in the eastern part of Trento-Plateau (Venetian Southern Alps, Italy). *Rivista Italiana di Paleontologia e Stratigrafia* 102, 417–424.

Channell J.E.T., Erba E., Muttoni G. und Tremolada F. 2000. Early Cretaceous magnetic stratigraphy in the APTICORE drill core and adjacent outcrop at Cismon (Southern Alps, Italy), and correlation to the proposed Barremian/Aptian boundary stratotype. *Geological Society of America Bulletin* 112, 1430–1443.

Cita M.B. 1965. Jurassic, Cretaceous and tertiary microfacies from the Southern Alps (Northern Italy). *E. J. Brill print*, Leiden, 8, pp. 99.

Cita M.B. und Pasquaré, G. 1959. Osservationi micropaleontologiche sul Cretaceo delle Dolomiti. *Rivista Italiana di Paleontologia e Stratigrafia* 65, 385–443.

Cita M.B. und Rossi D. 1959. Prima segnalazione di Aptiano-Albiano nelle Dolomiti. *Atti Accademia Nazionale dei Lincei, Rendiconti Serie* 8, 27/6, 405–411.

Coccioni R., Erba E. und Premoli–Silva I. 1992. Barremian-Aptian calcareous plankton biostratigraphy from the Gorgo Cerbara section (Marche, central Italy) and implications for plankton evolution. *Cretaceous Research* 13, 517–537.

Coccioni R., Baudin F., Cecca F., Chiari M., Galeotti S., Gardin S. und Salvini G. 1998. Integrated stratigraphic, palaeontological, and geochemical analysis of the uppermost Hauterivian Faraoni Level in the Fiume Bosso section, Umbria-Marche Apennines, Italy. *Cretaceous Research* 19, 1–23.

Coccioni R., Luciani V. und Marsili A. 2006. Cretaceous anoxic events and radially elongated chambered planktonic forminifera: paleoecological and paleooceanographic implications. *Palaeogeography, Palaeoclimatology, Palaeoecology* 235, 66–92.

Company M., Aguado R., Sandoval J., Taverá J.M., Jimenez de Cisneros C. und Vera J.A. 2005. Biotic changes linked to a minor anoxic event (Faraoni Level, Latest Hauterivian, Early Cretaceous). *Palaeogeographie, Palaeoclimatology, Palaeoecology* 224, 186–199.

Correns C.W. 1949. Einführung in die Mineralogie (Kristallographie und Petrologie). *Springer*, Berlin–Göttingen–Heidelberg, pp. 414.

Costamoling H. und Costamoling W. 1994. Fossilien des Gardertales. *Verlagsanstalt Athesia Ges. m.b.H.*, Bozen/Bolzano, pp. 111.

Dearing J.A. 1999. Magnetic Susceptibility (Chapter 4). In Walden J., Oldfield F. und Smith, J. (eds). Environmental Magnetism. A practical guide. Technical Guide 6. *Quaternary Research Associaton*, London, 35–62.

Dercourt J., Ricou L.E. und Vrielynck B. 1993. Atlas Tethys Palaeoenvironmental Maps. *Gauthier-Villars*, Paris, with 14 maps, pp. 307.

Doglioni C. 1985. The overthrusts of the Dolomites: ramp-flat systems.

Eclogae Geologicae Helvetiae 78/2, 335–350.
Doglioni C. 1987. Tectonics of the Dolomites (Southern Alps, Northern Italy) *Journal of Structural Geology* 9, 181–193.
Doglioni C. 2007. Tectonics of the Dolomites. *Bulletin für angewandte Geologie* 12/2, 11–15.
Dolomiti Occidentali 2007. Carta Geologica of the Dolomiti Occidentali. 1:25000, Blatt 28. *Litografia artistica Cartografica*, Florence.
Dunham R.J. 1962. Classification of carbonate rocks according to depositional texture. In Ham W.E. (ed.). Classification of carbonate rocks. *American Association of Petroleum Geologists Memoir* 1, 108–121.
Epstein S., Buchsbaum R., Lowenstam H.A. und Urey H.C. 1953. Revised carbonate-water isotopic temperature scale. *Geological Society of America Bulletin* 64/11, 1315–1326.
Erba E. 2004. Calcareous nannofossils and Mesozoic oceanic anoxic events. *Marine Micropaleontology* 52, 85–106.
Erba E., Channell J.E.T., Claps M., Jones C., Larson R., Opdyke B., Premoli-Silva I., Riva A., Salvini G. und Torricelli S. 1999. Integrated stratigraphy of the Cismon Apticore (Southern Alps, Italy): a "reference section" for the Barremian-Aptian interval at low latitudes. *Journal of Foraminiferal Research* 29, 371–391.
Evans M.E. und Heller F. 2003. Environmental Magnetism: Principles and Applications of Enviromagnetics. *Academic Press*, pp 293.
Faraoni P., Marini A. und Pallini, G. 1995. The Hauterivian ammonite succession in the Central Apennines, Maiolica-Formation (Petrano Mt., Cagli PS). Preliminary results. *Palaeopelagos* 5, 227–236.
Faraoni P., Marini A., Pallini, G. und Pezzoni N. 1996. The Maiolica Fm. of the Lessini Mts and Central Apennines (North Eastern and Central Italy): a correlation based on new bio-lithostratigraphical data from the uppermost Hauterivian. *Palaeopelagos* 6, 249–259.
Faraoni P., Flore D., Marini A., Pallini G. und Pezzoni N. 1997. Valanginian and early Hauterivian ammonite successions in the Mt Catria group (Central Apennines) and in the Lessini Mts (Southern Alsp), Italy. *Palaeopelagos* 7, 59–100.
Flügel E. 2004. Microfacies of carbonate rocks. Analysis, interpretation and application. *Springer Press*, Berlin–Heidelberg–New York, pp. 976.
Föllmi K.B. 2012. Early Cretaceous life, climate and anoxia. *Cretaceous Research* 35, pp. 230–257.
Föllmi K.B., Bôle M., Jammet N., Froidevaux P., Godet A., Bodin S.,

Adatte T., Matera V., Fleitmann D. und Spangenberg J.E. 2011. Bridging the Faraoni and Sell oceanic anoxic events: short and repetitive dys- and anaerobic episodes during the late Hauterivian to early Aptian in the central Tethys. *Climate of the Past Discussions* 7, 2021–2059.

Fourcade E., Azema J., Cecca F., Dercourt J., Guiraud, R., Sandulescu M., Ricou L. E., Vrielynck, B., Cottereau, N. und Petzold, M., 1993. Late Tithonian (138 to 135 Ma). In Dercourt J., Ricou L.E. und Vrielynck B. (eds.). Atlas Tethys Palaeoenvironmental Maps. *BEICIP-FRANLAB*, Rueil-Malmaison.

Gaillard C. und Olivero, D. 2009. The ichnofossil *Halimedides* in Cretaceous pelagic deposits from the Alps: environmental and ethological significance. *Palaios* 24, 257–270.

Garrison R.E. und Fischer. A.G. 1969. Deep-water limestones and radiolarites of the Alpine Jurassic. In Friedman G. (ed.). Depositional Environments in carbonate rocks. *Society of Economic Paleontologists and Mineralogists, Special Publication* 14, 20–56.

Geosecs Atlantic, Pacific and Indian Ocean Expeditions 1987. Shore–based data and graphics GEOSECS Executive Committee. IDOE *National Science Foundation* 7, pp. 200.

Geyer O.F. 1993. Die Südalpen zwischen Friaul und Gardasee. Sammlung Geologischer Führer 86, *Gebrüder Borntraeger*, Berlin–Stuttgart, pp. 576.

Gilmore G. 2008. Practical Gamma-ray Spectrometry. 2 Edition. *John Wiley & Sons*, pp. 387.

Godet A., Bodin S., Föllmi K.B., Vermeulen J., Gardin S., Fiet N., Adatte T., Berner Z., Stüben D. und Schootbrugge B.v.d. 2006. Evolution of the marine stable carbon-isotope record during the early Cretaceous: A focus on the late Hauterivian and Barremian in the Tethyan Realm. *Earth and Planetary Science Letters* 242, 254–271.

Godet, A., Bodin, S., Adatte, T. und Föllmi, K.B. 2008. Platform-induced clay-mineral fractionation along a northern Tethyan basin-platform transect: implications for the interpretation of Early Cretaceous climate change (late Hauterivian-early Aptian). *Cretaceous Research* 29, 830–847.

Goodwin D.H., Schöne B.R. und Dettman D.L. 2003. Resolution and fidelity of oxygen isotopes as palaeotemperature proxies in bivalve mollusc shell: models and observations. *Palaios* 18, 110–125.

Gradstein F.M., Ogg J.G., Schmitz M.D. und Ogg, G.M. eds. 2012. The Geologic Time Scale 2012. *Elsevier*, Oxford, Volume 1, 435 pp.

Grandesso P. 1977. Gli strati a Precalpionellipi del Titoniano e I loro rapporti con il Rosso Ammonitico Veneto. *Mémoires Science Géologie* (University of Padova) 32, 3-14.

Grossman E.L. 2012. Oxygen isotope steratigraphy. In Gradstein, F. M., Ogg, J. G., Schmitz, M. D. und Ogg, G. M. (eds). The Geologic Time Scale 2012. *Elsevier*, Oxford, Volume 1, 181–206.

Grossman E.L. und Ku T. 1986. Oxygen and carbon isotope fractionation in biogenic aragonite: temperature effects. *Chemical Geology* 59, 59–74.

Guembel C.W. von 1857. Untersuchungen in den bayerischen Alpen zwischen Isar und Salzach. *Jahrbuch der Kaiserlich-Königlichen Geologischen Reichsanstalt* 7, 146-151.

Gutenberg B. und Richter C.F. 1949. Seismicity of the Earth and Associated Phenomena. *Princeton University Press*, Princeton, New Jersey, pp. 273.

Haug E. 1887. Die geologischen Verhältnisse der Neocomablagerungen der Puezalpe bei Corvara in Südtirol. *Jahrbuch der Kaiserlich-Königlichen Geologischen Reichsanstalt* 37/2, 245–280.

Haug E. 1889. Beitrag zur Kenntniss der oberneocomen Ammonitenfauna der Puezalpe bei Corvara (Südtirol). *Beiträge zur Paläontologie und Geologie Österreich-Ungarns* 7/3, 193–229.

Heissel W. 1982. Südtiroler Dolomiten. Sammlung Geologischer Führer 71, *Gebrüder Borntraeger*, Berlin–Stuttgart, pp. 172.

Hoefs J. 2004. Stable Isotope Geochemistry, 5 Edition, *Springer Verlag*, Berlin–Heidelberg–New York, pp. 244.

Hoernes R. 1876. Neocomfundorte in der Gegend von Ampezzo und Enneberg in Südtirol. *Verhandlungen der Kaiserlich-Königlichen Geologischen Reichsanstalt* 7, 140–141.

Hunt J.M. 1996. Petroleum Geochemistry and Geology. *Freeman W.H. and Company*, New York, pp. 743.

IAS International Association of Sedimentologists 2004. Super Sedimentological Exposures (compiled by Weissert, H.). *IAS Newsletter* 194, pp. 8.

International Committee of Stratigryphy 2009. Chapter 5, Lithostratigraphic Units. *www.stratigraphy.org*.

Jovane L., Hinnov L., Housen B. und Herrero-Barvera E. 2013. Magnetic methods and the timing of geological processes. In Jovane L., Herrero-Bervera E., Hinnov L.A. und Housen B.A. (eds.). Magnetic Methods and the Timing of Geological Processes. *Geological Society of*

London, Special Publication 373.

Jovane L., Florindo F. und Dinares-Turell J. 2004. Environmental magnetic record of paleoclimate change: revisiting the Eocene-Oligocene stratotype section, Massignano, Italy. *Geophysical Research Letters*, 31.

Jovane, L., Florindo, F., Bazylinski, D.A. und Lins U. 2012. Prismatic magnetite magnetosomes from cultivated Magnetovibrio blakemorei strain MV-1: a magnetic fingerprint in marine sediments? *Environmental Microbiology Reports* 4(6), 664–668.

Jud R. 1994. Biochronology and Systematics of Early Cretaceous radiolarian of the Western Tethys. *Mémoires de Géologie Lausanne*, 19 pp. 147.

Katz M.E.,T, Wright J.D., Miller K.G., Cramer B.S., Fennel K. und Falkowski P.G. 2005. Biological overprint of the geological carbon cycle. *Marine Geology* 217, 323–328.

Kendall C. und Caldwell E.A. 1998. Fundamentals of Isotope Geochemistry. In Kendall C. und McDonnell J.J. (eds). Isotope Tracers in Catchment Hydrology. *Elsevier Science*, Amsterdam, 51–86.

Knicker H. 2004. Stabilization of N-compounds in soil and organic matter rich sediments – What is the difference? *Marine Chemistry* 92, 167–195.

Knicker H. 2011. Soil organic N – An under-rated player for C sequestration in soils? *Soil Biology & Biochemistry* 43, 1118–1129.

Kodama K.P. Paleomagnetism of sedimentary Rocks. Process and Interpretation. *Wiley-Blackwell*, Oxford, pp. 157.

Kristensen E., Penha-Lopes G., Delefosse M., Valdemarsen T., Quintana C.O. und Banta G.T. 2012. What is bioturbation? The need for a precise definition for fauna in aquatic sciences. *Marine Ecology Progress Series* 446, 285–302.

Krobicki M. 1993. Tithonian-Berriasian brachiopods in the Niedzica succession of the Pieniny Klippen belt (Polish Carpathians); Paleoecological and paleobiogeographical implications. In Palfy J. und Vörös A. (eds.). Mesozoic Brachiopods of Alpine Europe. *Hungarian Geological Society*, Budapest, 69–77.

Kroh A. und Lukender A. 2014. An offshore echinoid assemble from the Upper Hauterivian to Upper Barremian of the Dolomites (Southern Alps, Italy). *Cretaceous Research*, in press.

Kroh A., Lukeneder A. und Gallemí J. 2014. *Absurdaster*, a new genus of basal atelostomate from the Early Cretaceous of Europe and its phylogenetic position. *Cretaceous Research* 48, 235–249.

Kustatscher E., Falcon-Lang H. und Lukeneder A. 2013. Early Cretaceous araucarian driftwood from hemipelagic sediments of the Puez area, South Tyrol, Italy. *Cretaceous Research* 41, 270–276.

Landra G., Cecca F. und Vašíček Z. 2000. Early Aptian ammonites from the top of the Maiolica and the anoxic "Selli Level" (Lombardy, Southern Alps). *Bolletino della Società Paleontologica Italiana* 39, 29–45.

Lea D.W., Pak D.K. und Spero H.J. 2000. Climate impact of late Quarternary equatorial Pacific sea surface temperature variations. *Science* 289, 1719–1724.

Lécuyer C. und Bucher H. 2006. Stable isotope composition of late Jurassic ammonite shell: a record of seasonal surface water temperatures in the southern hemisphere? *Earth Discussions* 1, 1–7.

Luciani V., Cobianchi M. und Jenkyns H.C. 2001. Biotic and geochemical response to anoxic events: the Aptian pelagic succession of the Gargano Promotory (southern Alps). *Geological Magazine* 138, 277–298.

Lukeneder A. 2005. First nearly complete skeleton of the Cretaceous duvaliid belemnite *Conobelus*. *Acta Geologica Polonica* 55/2, 147–162.

Lukeneder A. und Aspmair C. 2006. Stratigraphic implications of a new Lower Cretaceous ammonoid fauna from the Puez area (Valanginian–Aptian, Dolomites, Southern Alps, Italy). *Geo. Alp* 3, 55–83.

Lukeneder A. 2008. The ecological significance of solitary coral and bivalve epibionts on Lower Cretaceous (Valanginian–Aptian) ammonoids from the Italian Dolomites. *Acta Geologica Polonica* 58, 425–436.

Lukeneder A., 2010. Lithostratigraphic definition and stratotype for the Puez-Formation: formalisation of the Lower Cretaceous in the Dolomites (S. Tyrol, Italy). *Austrian Journals of Earth Sciences* 103, 138–158.

Lukeneder A. 2011. The Biancone and Rosso Ammonitico facies of the northern Trento-Plateau (Dolomites, Southern Alps, Italy). *Annalen des Naturhistorischen Museum Wien* 113A, 9–33.

Lukeneder A. 2012a. New biostratigraphic data of an Upper Hauterivian-Upper Barremian ammonite assemblage from the Dolomites (Southern Alps, Italy). *Cretaceous Research* 35, 1–21.

Lukeneder A. 2012b. Computed 3D visualisation of an extinct cephalopod using computer tomographs. *Computers & Geosciences* 45, 68–74.

Lukeneder A. und Grunert P. 2013. Palaeoenvironmental evolution of the Southern Alps across the Faraoni Level equivalent: new data from the Trento Plateau (Upper Hauterivian, Dolomites, N. Italy). *Acta*

Geologica Polonica 63, 89–104.

Lukeneder A. und Lukeneder S. 2014. The Barremian heteromorph ammonite *Dissimilites* from northern Italy: taxonomy and implications. *Acta Palaeontologica Polonica*, in press.

Lukeneder A., Harzhauser M., Müllegger S. und Piller W.E. 2010. Ontogeny and habitat change in Mesozoic cephalopods revealed by stable isotopes (δ^{18}O, δ^{13}C). *Earth and Planetary Science Letters* 296, 103–114.

Lukeneder A., Lukeneder S. und Gusenbauer C. 2012a. Computed tomography in palaeontology - case studies from Triassic to Cretaceous ammonites. *Geophysical Research Abstracts* 14, EGU General Assembly 2012, p. 1.

Lukeneder A, Uchman A, Gaillard C. und Olivero D. 2012b. The late Barremian *Halimedides* horizon of the Dolomites (Southern Alps, Italy). *Cretaceous Research* 35, 199–207.

Lukeneder A., Bechtel A. und Gratzler R. 2012c. New geochemical data on fossil wood from the Albian of the Dolomites (Southern Alps, Italy). *Geologica Carpathica* 63/5, 399–405.

Lukeneder S., Lukeneder A. und Gusenbauer C. 2014. Computed tomography of fossils and sulphide minerals from the Mesozoic of Turkey. ICT Congress 2014. *5th Conference on Industrial Computed Tomography*. pp 2.

MacEachern J.A. und Burton J.A. 2000. Firmground *Zoophycos* in the Lower Cretaceous Viking-Formation, Alberta: a distal expression of the *Glossifungites* Ichnofacies. *Palaios* 15, 387–398.

MacEachern J.A., Bann K.L. Pemberton S.G. und Gingras M.K. 2007. The ichnofacies paradigm: high-resolution paleoenvironmental interpretation of the rock record. In MacEachern J.A., Bann K.L., Gingras M.K. und Pemberton S.G. (eds.). Applied Ichnology. SEPM (Society for Sedimentary Geology), *Short Course Notes* 52, 27–64.

Martire L. 1992. Sequence stratigraphy and condensed pelagic sediments. An example from the Rosso Ammonitico Veronese, northeastern Italy. *Palaeogeography, Palaeoclimatology, Palaeoecology* 94, 169–191

Martire L. 1996. Stratigraphy, Facies and Synsedimentary Tectonics in the Jurassic Rosso Ammonitico Veronese (Altopiano di Asiago, NE Italy). *Facies* 35, 209–236.

Martire L., Clari P., Lozar F. und Pavia G. 2006. The Rosso Ammonitico Veronese (Middle-Upper Jurassic of the Trento Plateau): a proposal of lithostratigraphic ordering and formalization. *Rivista Italiana di Paleontologia e Stratigrafia* 112, 227–250.

Massari F. 1981. Cryptalgal fabrics in the Rosso Ammonitico sequences in the Venetian Alps. In Farinacci A. und Elmi S. (eds). Rosso Ammonitico Symposium Proceedings. *Edizioni Tecnoscienza*, Roma, 435–469.

Mayer H. und Appel E. 1999. Milankovitch cyclicity and rock-magnetic signatures of palaeoclimatic change in the Early Cretaceous Biancone-Formation of the Southern Alps, Italy. *Cretaceous Research* 20, 189–214.

McConnaughey T.A., Burdett J., Whelan J.F. und Paul C.K. 1997. Carbon isotopes inbiological carbonates: respiration and photosynthesis. *Geochimica et Cosmochimica Acta* 61, 611–622.

Méhay S., Keller C.E., Bernasconi S.M., Weissert H., Erba E., Bottini C. und Hochuli P.A. 2009. A voclanic CO_2 pulse triggered the Cretaceous Oceanic Anoxic Event 1a and a biocalcification crisis. *Geology* 37/9, 819–822.

Mercalli G. 1907. I vulcani attivi della Terra. Morfologia, dinamismo, prodotti, distribuzione geografica, cause. *Ulrico Hoepli*, Milano, pp. 421.

Milanković M. 1941. Kanon der Erdbestrahlung und seine Anwendung auf das Eiszeitenproblem. *Königlich Serbische Akademie* pp. 633.

Mojsisovics E. v. 1879. Die Dolomitriffe von Südtirol und Venetien. Beiträge zur Bildungsgeschichte der Alpen. *Hölder*, Wien, pp. 552.

Molnár G.L. 2004. Handbook of Prompt Gamma Activation Analysis with Neutron Beams. *Kluwer Academic Publishers*, Dordrecht, pp. 423.

Montanari A. und Koeberl C. 2000. Impact Stratigraphy: The Italian Record. Lecture Notes in Earth Sciences 93, *Springer Verlag*, Heidelberg, pp. 364.

Mutterlose J. und Bornemann A. 2000. Distribution and facies patterns of Lower Cretaceous sediments in northern Germany: a review. *Cretaceous Research* 21, 733–759.

Muttoni G., Erba E., Kent D.V. und Bachtadse V. 2005. Mesozoic Alpine facies deposition as a result of past latidudinal plate motion. *Letters to Nature* 434, 59–63.

Muttoni G., Dallanave E. und Channel J.E.T. 2013. The drift history of Adria and Africa from 280 Ma to Present, Jurassic true polar wander, and zonal climate control on Tethyan sedimentary facies. *Palaeogeogra-*

phy, Palaeoclimatology, Palaeoecology 386, 415–435.

Ogg J.G. 2012. Geomagnetic Polarity Time Scale. In Gradstein F.M., Ogg J.G., Schmitz M.D. und Ogg G.M. (eds). The Geologic Time Scale 2012. *Elsevier*, Oxford, Volume 1, 85–113.

Pemberton S.G., MacEachern J.A. und Saunders T. 2004. Stratigraphic applications of substrate-specific ichnofacies: delineating discontinuities in the rock record. In McIlroy D. (ed.). The Application of Ichnology to Palaeoenvironmental and Stratigraphic Analysis. *Geological Society London, Special Publication* 228, 29–63.

Peters K.E., Walters C.C. und Moldowan J.M. 2005. The Biomarker Guide, Volume 2. Biomarkers and Isotopes in the Petroleum Exploration and Earth History, 2 Edition, *Cambridge University Press*, pp. 1132.

Poulsen C.J., Gendaszek A.S. und Jacob R.L. 2003. Did the rifting of the Atlantic Ocean cause the Cretaceous thermal maximum? *Geology* 31, 115–118.

Pozzi E. 1993. Die Fossilien der Dolomiten. *Tappeiner Verlag*, Lana, pp. 176.

Premoli-Silva I. und Sliter W.V. 1999. Cretaceous paleoceanography: evidence from planktonic foraminiferal evolution. *Geological Society of America, Special Paper* 332, 301–328.

Reboulet S., Klein J., Barragan R., Company M., Gonzalez–Arreola C., Lukeneder A., Raissossadat S.N., Sandoval J., Szives O., Tavera J.M., Vašíček Z. und Vermeulen J. 2009. Report on the 3rd international Meeting on the IUGS Lower Cretaceous AmmoniteWorking Group, the "Kilian Group" (Vienna, Austria, 15th April 2008). *Cretaceous Research* 30, 496–592.

Richter C.F. 1935. An instrumental earthquake magnitude scale. *Bulletin of the Seismological Society of America* 25, 1–32.

Richter R. 1952. Fluidal-Textur in Sediment-Gesteinen und über Sedifluktion überhaupt. *Notizblatt des Hessischen Landesamtes Bodenforschung zu Wiesbaden* 6, 67–81.

Rodighiero A. 1919. Il sistema Cretaceo del Veneto Occidentale compreso fra l'Adige e il Piave con speziale reguardo al Neocomiano dei Sette Comuni. *Palaeontographica Italica* 25, 39–125.

Rowe T., Ketcham R.A., Denison C., Colbert M., Xu X. und Currie P.J. 2001. Forensic palaeontology – The Archaeoraptor forgery. *Nature* 410, 539–540.

Saltzman M.R. und Thomas E. 2012. Carbon Isotope Stratigraphy. In:

Gradstein F.M., Ogg J.G., Schmitz M.D. und Ogg G.M. (eds). The Geologic Time Scale 2012. *Elsevier*, Oxford, Volume 1, 207–232.

Sano S.I. 2003. Cretaceous oceanic anoxic events and their relations to carbonate platform drowning episodes. *Fossils* 74, 20–26.

Saussure, N.T. de 1792. Analyse de la dolomie: *Journal de Physique* 40, 163–173.

Scotese C.R. 2001. Atlas of Earth History. *Paleomap project*. Arlington, Texas, pp. 52.

Seilacher A. 1967. Bathymetry of trace fossils. *Marine Geology* 5, 413–428.

Sharp Z. 2007. Principles of Stable Isotope Geochemistry. Upper Saddle River. *Pearson-Prentice Hall*, pp. 344.

Schlager W. 1974. Preservation of cephalopod skeletons and carbonate dissolution on ancient Tethyan sea floors. In Hsu K.J. und Jenkyns H.C. (eds.). Pelagic sediments – on land and under the Sea. *International Association of Sedimentologists Special Publication* 1, 49–70.

Schneider S., Crampton J.S. und Lukeneder A. 2013. Propeamussiidae, Inoceramidae, and other Bivalvia from the Lower Cretaceous Puez Formation (Valanginiane-Cenomanian; Dolomites, South Tyrol, Italy). *Cretaceous Research* 46, 216–231.

Schootbrugge B. van de, Föllmi K.B., Bulot L.G. und Burns S.J. 2000. Paleoceanographic changes during the Early Cretaceous (Valanginian–Hauterivian): Evidence from oxygen and carbon stable isotope. *Earth and Planetary Science Letters* 181, 15–31.

Schulte P., Alegret L., Arenillas I., Arz J.A., Barton P.J., Bown P.R., Bralower, T.J., Christeson G.L., Claeys P., Cockell C.S., Collins G.S., Deutsch A., Goldin T.J., Goto K., Grajales-Nishimura J.M., Grieve R.A.F.,. Gulick S.P.S, Johnson K.R., Kiessling W., Koeberl C., Kring D.A., MacLeod K.G., Matsui T., Melosh J., Montanari A., Morgan J.V., Neal C.R., Nichols D.J., Norris R.D., Pierazzo E., Greg Ravizza, Rebolledo-Vieyra M., Reimold W.U., Robin E., Salge T., Speijer R.P., Sweet A.R., Urrutia-Fucugauchi J., Vajda V., Whalen M.T. und Willumsen P.S. 2010. The Chicxulub Asteroid Impact and Mass Extinction at the Cretaceous-Paleogene Boundary. *Science* 327 (5970), 1214–1218.

Shackleton N.J. und Kennett J.P. 1975. Paleotemperature history of the Cenozoic and the initiation of Antarctic glaciation: oxygen and carbon isotopic aanalysis in DSDP sites 277, 279 and 281. In Kennett J.P., Houtz R.E. et al. (eds). Initial Reports of the Deep Sea Drilling

Project, vol.29. *U.S. Government Printing Office*, Washington DC, pp. 743–755.

Stampfli G. und Mosar J. 1999. The making and becoming of Apulia. Mémoires Science Géologie (University of Padova). 3rd Workshop on Alpine Geology. In Jadoul Gosso G., Jadoul F., Sella M. und Spalla M.I. (eds). *Memorie di Science Geologiche Università di Padova, Special Volume* 51/1, 141–154.

Stampfli G.M., Borel G.D., Marchant R. und Mosar J. 2002. Western Alps geological constraints on western Tethyan reconstructions. In Rosenbau G. und Lister G.S. (eds). Reconstruction of the evolution of the Alpine-Himalayan Orogen. *Journal of Virtual Explorer* 8, 77–106.

Stenonis N. 1669. De solido intra solidum naturaliter contento. *Dissertationis prodromus*. Florence, pp. 78.

Stock H.W. 1994. Stratigraphie, Sedimentologie und Paläogeographie der Oberkreide in den nordöstlichsten Dolomiten (Italien). *Jahrbuch der Geologischen Bundesanstalt* 137, 383–406.

Stöhr. D. 1993. Die Ammoniten der Kreide von La Stua (Dolomiten, Norditalien). Unpublished PhD thesis, *University of Giessen*, pp.173.

Stöhr D. 1994. Ammonoidea aus Schwarzschiefern von La Stua (Norditalien, Provinz Belluno). *Giessener Geolgische Schriften* 51, 291–311.

Tappeiner 2003. Naturpark Puez-Geisler. Panoramakarte. *Tappeiner*, Lana.

Tauxe L. 2010. Essentials of Paleomagnetism. *University of California*, pp. 512.

Tejada M.L.G., Suzuki K., Kuroda J., Coccioni R., Mahoney J.J., Ohkouchi N., Sakamoto T. und Tatsumi Y. 2009. Ontong Java Plateau eruption as a trigger for the early Aptian oceanic anoxic event. *Geology* 37/9, 855–858.

Tremolada F., Erba E., Bernardi B. de und Cecca F. 2009. Calcareous nannofossil fluctuation during the late Hauterivian in the Cismon core (Venetian Alps, northeastern Italy) and in selected sections of the Umbria-Marche Basin (central Italy): paleoceanographic implications of the Faraoni Level. *Cretaceous Research* 30, 505–514.

Treydte K., Esper J. und Gärtner H. 2004. Stabile Isotope in der Dendroklimatologie. *Schweizerische Zeitschrift für Forstwesen* 155 (6), 222–232.

Uhlig V. 1887. Ueber neocome Fossilien von Gardenazza in Südtirol nebst einem Anhang über das Neocom von Ischl. *Jahrbuch der Kaiserlich-Königlichen Geologischen Reichsanstalt* 37/1, 69–108.

United States Department of Energy 2010. Simplified Global Carbon Cycle. *http://genomics.energy.gov*.

Urey H.C., Lowenstam H.A., Epstein S. und McKinney C.R. 1951. Measurements of paleotemperatures and temperatures of the Upper Cretaceous, Denmark, and southeastern United States. *Geological Society of America Bulletin* 62, 399–416.

Veizer J. und Hoefs J. 1976. The nature of O^{18}/O^{16} and C^{13}/C^{12} secular trends in sedimentary carbonate rocks. *Geochimica et Cosmochimica Acta* 40, 1387–1395.

Veizer J., Ala D., Azmy K., Bruckschen P., Buhl D., Bruhn F., Carden G.A.F., Diener A., Ebneth S., Godderis Y., Jasper T., Korte C., Pawellek F., Podlaha O.G. und Strauss H. 1999. $^{87}Sr/^{86}Sr$, $\delta^{13}C$ and $\delta^{18}O$ evolution of Phanerozoic seawater. *Chemical Geology* 161, 59–88.

Walden J., Oldfield F. und Smith J. 1999. Environmental Magnetism: a practical guide. Technical Guide 6, *Quaternary Research Association London*, pp. 243.

Watanabe T., Gagan M.K., Correge T., Scott-Gagan, H., Cowley J. und Hantoro W.S. 2003. Oxygen isotope systematics in Diploastrea heliopora: new coral archive of tropical paleoclimate. *Geochimica et Cosmochimica Acta* 67, 1349–1358.

Weissert H.J. 1979. Die Palaeoozenographie der südwestlichen Tethys in der Unterkreide. Unpublished PhD Thesis, *ETH Zurich*, pp.174.

Weissert H.J. 1981. Depositional processes in an ancient palagic environment: the Lower Cretaceous Maiolica of the Southern Alps. *Eclogae Geologicae Helvetiae* 74, 339–352.

Weissert H. 1989. C–isotope stratigraphy, a monitor of paleoenvironmental changes: A case study from the Early Cretaceous. *Surveys in Geophysics* 10, 1–16.

Weissert H. und Erba E. 2004. Volcanism, CO_2 and palaeoclimate: a Late Jurassic-Early Cretaceous carbon and oxygen isotope record. *Journal of the Geological Society*, London 161, 1–8.

Wieczorek J. 1988. Maiolica – a unique facies of the western Tethys. *Annales Societatis Geologorum Poloniae* 58, 255–276.

Zempolich W.G. 1993. The drowning succession in Jurassic carbonates of the Venetian Alps, Italy: a record of supercontinent breakup, gradual eustatic rise, and eutrophication of shallow-water environments. In Loucks R.G. und Sarg J.F. (eds.). Carbonate Sequence Stratigraphy – Recent Developments and Applications. *American Association of Petroleum Geologists Memoir*, Tulsa 57, 63–105.

Zharkov M.A., Murdmaa I.O. und Filatova N.I. 1998. Peleogeography of the Berriasian-Barremian Ages of the Early Cretaceous. *Stratigraphy and Geological Correlation* 6, 47–69.

WEITERFÜHRENDE INTERNET-ADRESSEN

Homepages und Organisationen

Dr. Alexander Lukeneder, *http://www.nhm-wien.ac.at/alexander_lukeneder*
Naturhistorisches Museum in Wien, *http://www.nhm-wien.ac.at/museum*
Naturmuseum Südtirol, *http://www.naturmuseum.it*
Autonome Provinz Bozen, *http://www.provinz.bz.it/land/landesverwaltung*
Naturparke Südtirol,
   http://www.provinz.bz.it/natur-raum/themen/naturparks.asp
Naturparke Südtirol, *http://www.suedtirol-it.com/de/naturpark.html*
Der Wissenschaftsfonds FWF, *http://www.fwf.ac.at*
Österreichische Akademie der Wissenschaften, *http://www.oeaw.ac.at*
UNESCO, *http://whc.unesco.org*
Puez –Odle Dolomiti UNESCO, *http://dolomitiunesco.info/en*
The nomination documents for Dolomites,
   http://www.dolomiti-unesco.org
Geologische Bundesanstalt in Wien, *http://www.geologie.ac.at*
International Commission on Stratigraphy, *http://www.stratigraphy.org/*
Digitale Karten Tappeiner,
   http://www.compegps.de/produkte/karten/tappeiner
Digitale Wanderkarten Outdooractive, *http://www.outdooractive.com/de/*

Journale und Zeitschriften

Acta Geologica Polonica, *http://agp.org.pl*
Acta Palaeontologica Polonica, *http://www.app.pan.pl/home.html*
Austrian Journal of Earth Sciences, *http://www.univie.ac.at/ajes*
Computers & Geosciences,
   http://www.journals.elsevier.com/computers-and-geosciences
Cretaceous Research, *http://www.journals.elsevier.com/cretaceous-research/*
Earth and Planetary Science Letters,
   http://www.journals.elsevier.com/earth-and-planetary-science-letters

Geology, *http://geology.gsapubs.org*
Nature, *http://www.nature.com*
Palaeontology,
   http://onlinelibrary.wiley.com/journal/10.1111/(ISSN)1475-4983
Palaeogeography Palaeoclimatology Palaeoecology,
   http://www.sciencedirect.com/science/journal/00310182
Science, *http://www.sciencemag.org*
SEPM Strata – Stratigraphic Web, *http://www.sepmstrata.org*
Verlag des Naturhistorischen Museums in Wien,
   http://www.nhm-wien.ac.at/verlag

INDEX

Personen
(*inklusive der engsten Mitglieder des Forschungsteams*)

Alvarez, Luis Walter: S. 17f
Alvarez, Walter: S.17f
Aspmair, Christian: S. 13ff, 34, 43, 111, 114, 172
Bouchal, Johannes Martin: S. 176, 180ff
Brunhes, Bernard: S. 156
Dolomieu de, Déodat Guy Sylvain Tancrède Gratet: S. 46
Englert, Anton: S. 74f, 136, 172f, 176
Giorgioni, Martino: S. 173, 175
Harzhauser, Mathias: S. 173f, 176
Hirscher, Marcel: S. 77
Jovane, Luigi: S. 172, 175f
Kroh, Andreas: S. 110, 173, 175f
Kustatscher, Evelyn: S. 41, 43, 119, 172f
Lukeneder, Susanne: S. 173, 177
Maslo, Martin: S. 173ff, 176, 181f
Matuyama, Motonori: S. 156
Mercalli, Guiseppe: S. 16
Milanković, Milutin: S. 92
Richter, Charles Francis: S. 16
Saussure de, Horace-Bénédict: S. 46
Schneider, Simon: S. 107f, 174ff

Orte

Alta Badia/Hochabtei: S. 48f
Apecchio: S. 22, 24
Balerna: S. 18, 24
Bosco Chiesanuova: S. 19, 26
Bozen: S. 14f, 26, 28, 34, 40f, 63, 100, 118, 172
Cesana Brianza: S. 24
Chiasso: S. 24
Como: S. 24, 26
Composilvano: S. 19, 26
Cortina d'Ampezzo: S. 49, 55
Catriano: S. 22
Gasparina: S. 26
Gubbio: S. 17ff
Kolfuschg/Colfosco: S. 52, 63
Lana: S. 13, 14, 16, 26
La Stua/RaStua: S. 15, 48, 55, 57, 73, 97
Lecco: S. 24
Piobbico: S. 22
Prissian: S. 15f
Stern/La Villa: S. 63
Wolkenstein/Selva di Val Gardena: S. 14, 27, 30f, 46, 50, 63, 74, 83

Sachbegriffe

Ammoniten: S. 14f, 25f, 35ff, 40, 58, 101, 103ff
Aptychen: S. 22, 62, 102, 105f, 121
Belemniten: S. 40, 53, 72, 101f, 107, 121, 143, 145, 188
Biancone: S. 22, 53, 57, 58f, 60f, 69, 70f, 73, 170
Bioturbation: S. 86, 113, 138
Brachiopoden: S. 15, 102, 108f, 121, 134, 143, 163, 188
Computertomographie: S. 163ff, 188
Dünnschliffe: S. 62, 135ff
Faraoni Level: S. 124ff, 138f, 146, 151, 188f
Foraminiferen: S. 57, 62, 89, 102, 119, 121, 136, 143, 171
Gammastrahlung: S. 132, 160ff, 177
Halimedides-Horizont: S. 110, 114, 127f, 171, 189

Isotope: S. 90, 118, 124f, 141ff, 161, 189
Jaspis: S. 114ff, 189
Maiolica: S. 18, 22, 25, 27, 53, 57, 69f, 170f
Mergel: S. 14, 22, 34, 48, 53, 73f, 86, 91ff, 104f, 125, 138, 163, 171, 187
Muscheln: S.15, 22, 40, 54f, 62, 102, 107f, 120f, 123f, 134f, 142, 188
Kalk: S. 22, 25f, 34, 46, 48, 53ff, 58, 70ff, 86, 91ff, 104, 111, 125, 138, 151, 161f, 170f, 187, 189
Korallen: S. 15, 102, 111f, 114, 121ff, 134f, 142, 189
Kupfererz: S. 114ff, 189
Paläomagnetik: S. 18, 124, 152, 188
Profile: S. 22, 40, 59, 61, 65, 73, 74ff, 97, 110, 125, 128, 132, 138f, 146, 148, 151, 159, 161f, 187
Puez Formation: S. 18, 48, 53, 55, 58f, 61, 69f, 73, 75, 85, 91ff, 97, 101f, 104f, 106f, 110, 124, 132, 136, 148, 157, 159f, 170, 187
Puez Limestone Member: S. 58, 73, 75, 91, 93, 104, 110, 126, 138f, 146, 150, 159, 162, 171, 187
Puez Marl Member: S. 58, 73, 75, 93, 119, 135, 138f, 146, 150, 160ff, 171f, 187f
Puez Redbed Member: S. 58, 73, 75, 92f, 127f, 138f, 146, 151, 161, 171, 187f
Radiolarien: S. 57, 62, 86, 89, 94f, 102, 117, 119, 121, 126, 136, 172, 188
Rosso Ammonitico Puezzese: S. 58ff, 71, 159,
Sediment: S. 22, 48, 58, 69, 72, 85f, 91, 93, 95f, 108, 111, 113, 118, 123f, 126ff, 134f, 137ff, 149f, 152f, 161, 165f, 170, 187
Seeigel: S. 15, 22, 40, 102, 110, 121, 134f, 142, 188
Stratigraphie: S. 86, 89, 134, 155ff, 162
Suszeptibilität: S. 132, 158ff, 177
Ton: S. 74, 92f, 95f, 115, 125, 158f, 161ff, 172
UNESCO: S. 41, 46, 77, 101, 176

Abb. 112. Folgende Doppelseite: Abendliche Stimmung im Sommer 2011 mit Blick vom Puez in Richtung Sella-Gruppe.

34,90